营造城市创新区

面向未来的创新空间设计

施道红 李莹 张亮/编著

同济大学出版社
TONGJI UNIVERSITY PRESS
·上海·

图书在版编目（CIP）数据

营造城市创新区：面向未来的创新空间设计 / 施道红，李莹，张亮编著 . -- 上海：同济大学出版社，2024.4

ISBN 978-7-5765-0967-0

Ⅰ . ①营… Ⅱ . ①施… ②李… ③张… Ⅲ . ①城市建设—研究—中国 Ⅳ . ① F299.21

中国国家版本馆 CIP 数据核字（2023）第 209934 号

营造城市创新区：面向未来的创新空间设计

施道红　李莹　张亮 / 编著

责任编辑　张　睿
责任校对　徐逢乔
装帧设计　任雪琦
制作完稿　朱丹天

出版发行　同济大学出版社　www.tongjipress.com.cn
（地址：上海市四平路 1239 号　邮编：200092　电话：021-65985622）
印　　刷　上海安枫印务有限公司
开　　本　710mm × 1000mm　1/16
印　　张　15
字　　数　300 000
版　　次　2024 年 4 月第 1 版
印　　次　2024 年 4 月第 1 次印刷
书　　号　ISBN 978-7-5765-0967-0
定　　价　89.00 元

编著　施道红　李莹　张亮
专家顾问　罗岚
其他编写成员　金苏　兰菲菲　艾思含　任雪琦
专业支持　TOP 创新区研究院
FTA 建筑设计事务所
特别鸣谢　郑时龄　葛培健

创新区，
全球城市发展的未来方向

读《营造城市创新区：面向未来的创新空间设计》

近年来多次遇到建筑师施道红和他的 FTA 建筑设计事务所的设计方案，主题都是城市创新区。一个项目是上海市北工业区原彭浦机器厂的更新改造，利用作为文物保护点的工业厂房；还有一个项目是杨浦区的长海社区科创总部园区。这两项设计都显示了事务所的设计水平。

最为难能可贵的是建筑师不仅从事设计，还结合项目主题，深入对全球城市创新区的案例进行分析和研究，研究了大量的国内外案例，探索城市创新区的核心要素及创新区的类型，注重创新的生态体系。今天，建筑师不仅面临着新技术、新材料的问题，也正面临许多新的建筑类型及新的课题。建筑师需要站在更高的起点上，具有前瞻性，协同更多的专业领域，具有提出、探索新问题并加以综合解决的能力。

城市创新区既是一个新概念，也是城市发展的空间转型，成为城市文化和社会发展的动力。整座城市的转型，例如 20 世纪 80 年代美国巴尔的摩的港口区更新；又如西班牙的毕尔巴鄂，20 世纪 90 年代从原先的钢铁工业和造船工业中心、一个受严重污染的重工业城市和港口城市快速转型为经济、商业和文化中心。

作为新兴产业园区和文化创意园区，创新区已经存在多年，最典型的是美国的硅谷、硅巷，中国的开发区和新区。自 20 世纪 90 年代以来，除开发区外，创新区多是利用城市工业化时期留下的褐色工业区，既注重工业遗产的保护，又充分利用工业厂房和构筑物的空间，建成城市的新地标，典型例子如德国鲁尔工业区的转型。近年来，上海黄浦江和苏州河滨江地区的改造、徐汇滨江的更新改造、漕河泾工业区的建设，以及宝钢地区和市北工业区的更新改造都是上海在创新区建设中的探索。

作为新的城市空间模式，创新区是生产方式、产业、研发和生活方式创新的园区或城市地区，是智慧城市的组成部分。创新的理念和创意可以发生在任何环境中，但是有一个前提是这个环境能够激发创意，能够让多种学科和专业相互交叉，能够为人们提供高品质的设计和愉悦的环境，能够提供互相交流、思想发挥想象的空间，能够为各种不同专业和类型的人才提供适应不同需求的便利服务，形成生活圈和空间特色。

通读《营造城市创新区：面向未来的创新空间设计》后，认识到这本著作的先锋性和实验性，既有理论探索，也有实践的操作性，对于城市创新区及其意义有新的认识。创新区是指聚集前沿研究机构和企业集群，与创新型机构形成创新生态系统，促进新兴经济，优化城市功能的空间。城市创新区也是城市的社区，是城市的功能区，需要各种配套生活服务设施，对此，书中有详细的分析。我们可以从这本书中得到很多启示。

中国科学院院士

2023 年 12 月

用空间激发创新

记得 2014 年的时候，我初到张江。当时的张江还是“高科技园区”的叫法。但转眼间，2017 年，张江就实现了“由园转城”，更名为“张江科学城”。尽管时至今日，依然有很多人将张江称呼为“张江高科技园区”，但作为一名战斗在张江科创一线的“张江人”，我更愿意称之为“张江科学城”，因为这个“城”赋予了这片热土更加丰富的内涵。

仍记得初到张江的时候，我在不断的实地调研中发现，张江这片热土不缺产业，不缺技术，不缺人才，唯独缺少能够让科学家创意迸发、生活惬意的空间。彼时，从园区空间格局上，内部园中园之间相互独立、联系甚少，生活服务配套供不应求。有人曾言，在张江工作可以有声有色，然而生活却显得单调乏味。可以说，在这种空间氛围下，科技人员的创新细胞是很难被激发的。换句话说，“空间营造”在当时还不是一个“关键词”。

值得兴奋的是，在随后张江西北区、南区的规划方案及后来科学城的诸多谋划中，都可以看到我们对于“空间营造”概念的深度融入。更有趣的是，相当多的规划设计手法都可以在《营造城市创新区：面向未来的创新空间设计》这本书里找到相应内容。

可以说，张江建园至今的 30 年，也是张江空间营造的 30 年，是国家在科技创新领域奋发图强的 30 年。张江的快速发展吸引了全国各地兄弟单位来调研，一时间，全国各地纷纷效仿张江的科创载体建设模式。但我们都知道，产业是不断向前发展的，每个时代的科创主体也有很大的差异，如何探索出一种适应多方需求的创新空间模式，对科创载体的打造而言，就显得尤为重要。

我们知道，“创新区”是一个新兴的概念。在我国，对于“创新区”还没有明确的定义，但是国外的创新区已经在成熟发展，比如加州硅谷、西雅图南湖联合区、伦敦国王十字街、慕尼黑科学园，等等。翻看《营造城市创新区：面向未来的创新空间设计》，可以看到，它全面覆盖了目前知名的创新区，对世界一流创新区的具体空间细节作了研究。

说实话，《营造城市创新区：面向未来的创新空间设计》给我一种以空间来反向助推科技创新的新思路。书中围绕施道红先生提出的设计理念，“让创新看得见，让创新即发生”，正是科创载体在空间上面推动创新的内驱动模式。通过场景营造，让创新在交流碰撞中产生，通过创新氛围，在潜意识里激发企业家们的创新热情……这也是本书的最大价值所在。

科学城这种形态，作为现阶段城市发展的重要空间范畴，研究好科学城的生长逻辑、空间要素及发展趋势，是推动我国自主创新发展的重要方法。

FTA 是一家专注创新区设计的公司，其公司子品牌 TOP 创新区研究院也长期聚焦全球的创新区研究。从《营造城市创新区：面向未来的创新空间设计》这本书中，我们可以系统知晓科学城需要的创新区应该是什么样的，它从产城融合、企业成长周期、功能主体创新生态，以及空间关系、运营管理、评判标准等多维度给出了专业解读。它从全球案例出发，结合 FTA 在国内 20 年创新区设计的实践经验，系统回答了创新区的类型、特征、空间及管理等各个维度的问题，不得不说，这是业内人士探索现阶段科创空间如何做的不可多得的“百宝箱”。

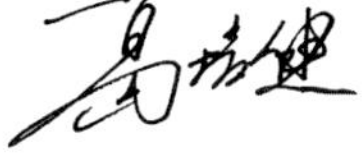

金地威新产业研究院院长

上海张江高科技园区开发股份有限公司原总经理

2023 年 12 月

共同营造城市创新区

创新正在重塑全球格局

进入21世纪，受世界范围内新冠疫情、俄乌冲突、碳排放控制等众多国际因素影响，全球创新环境与格局正在发生深刻变化。新冠疫情加速全球数字化、信息化、自动化、智能化发展进程，俄乌冲突背后的信息战、金融战、能源战更彰显各国科技实力的比拼[1]，碳排放要求的碳中和与碳达峰战略既是不发达国家戴上的发展枷锁，也是倒逼产业转型升级的利器……全球创新早已刻不容缓，各国科技竞争态势也已如火如荼。世界经济增长对技术创新的依赖持续加深，跨国要素流动连年加剧，全球创新版图多极化初显，新兴经济体和亚洲国家成为创新新秀[2]。面对复杂多变的国际形势，改善创新环境，提升创新效率已成为我国当前发展的关键，“一带一路”倡议、内外双循环发展、全国统一大市场总指引，都是我国应对世界格局变化和国际创新竞争的战略选择。

城市的跨越式发展离不开创新空间

全球智库排名第一的布鲁金斯学会（Brookings Institution）提到，如果想要在21世纪继续领先，那么就需要关注创新区。目前，任何一个国家的经济比以往任何时候都更依赖于先进的创新型产业集群，创新型产业集群代表了一个国家的核心竞争力，是其经济支柱，推动更多的就业与经济发展，也是能让一个国家在国际竞争中抢占制高点的砝码。这些创新产业聚集的地方就是“创新区”。创新区资深研究者布鲁斯·卡茨（Bruce Katz）和朱莉·韦杰（Julie Wagner）在《创新区的崛起：美国创新的新地理》（*The Rise of Innovation Districts: A new geography of innovation in America*）中这样描述创新区："这里有各种规模的企业和教育机构，有草根创业公司和学校医院等，它的开发是混合的，这里适合步行、骑自行车，交通非常便捷，金融系统也很发达——所有这些都是通过清洁能源、数字技术、TOD，还有咖啡因来支撑的。"[3]

创新区究竟是什么？我们是否可以看到？对于设计师来讲，创新的空间又该如何打造？我们怎么知道我们所处的空间可以被识别为创新区？在这个创新主导的时代，我们急需一种可以定义创新区的设计产品标准。

FTA 一直深耕创新区，在长达 20 年的实践经历中，紧跟全球城市的发展步伐，截至 2021 年，参与设计了超过 1000 个创新区项目。在这么多实践当中，我们尤以上海、深圳、苏州等发达城市为重点，深度研究国家综合性科学中心创新区模式，共同沉淀并完成了这本《营造城市创新区：面向未来的创新空间设计》。

本书通过研究全球创新区案例，访谈国内聚焦创新区建设的开发主体，结合实际项目经历，详细解读了什么是创新区，如何设计创新区，创新区该怎么运营管理，以及怎么评判创新区，力图以专业和科学的视角，帮助广大关注创新区发展的读者清晰认识创新空间。

创新区改变了我们的时代特征

21 世纪是创新主导的时代，在这个时代有元宇宙，有虚拟世界，有平行社会，年轻人的朝气蓬勃是不同于以往任何时代的，创新区作为孕育创新的空间载体，怎么激发和保持创新氛围就显得至关重要。《营造城市创新区：面向未来的创新空间设计》围绕“让创新看得见，让创新即发生”的核心理念，从功能、交流、场景、业态、体验五个维度，展开阐述创新空间的营造方式和方法。

在本书中，我们紧扣创新时代的三大发展特征：

让工作方式成为生活方式

在今天这个智本时代，“人 = 创造者”的时代，我们不希望被当作是“一只手”，而希望能感受到工作的意义，感受到工作中的创造力带给我们的愉悦，还有荣誉、价值、自豪感、归属感、成就感……然而，盖洛普（Gallup）的一项全球调查表明：只有 13% 的员工称得上是敬业，其他的员工则是本着一个“我做的就是一份工作”的心态，没有“投入”。中国有最庞大的受过高等教育的人口，想象一下，如果更多的人能“投入”，并在工作中释放创造力与创新力，感受到工作的意义，那是多么大的人力资源优势！

作为环境营造者与场景设计师，我们深知环境影响人的行为，行为带来习惯及思维的改变。未来城市的竞争力来自创新力，人在不同环境下的创新状态是不一样的，未来的城市空间一定要能激发人们的创新力。为了更能发挥出创新者的潜能，我们致力于打造多元活力、有品质的创新区。

从强资源到强网络

知识经济时代，城市越来越像网络，节点越多，估值越高。之前有人问，创新区最有价值的是什么？我们的答案是，人才网络。人们一直唱衰硅谷，硅谷却还是创新的NO.1。硅谷靠的是什么？是人才网络。不是产业，不是公司，因为产业与公司一直都在变；不是地理位置，也不是高楼大厦，这些都随时可以易主，而是硅谷的人才和硅谷长期培育出的“人才网络”。所有的产业与公司都是人才网络的结果；有了这个网络，硅谷一直处在创新的浪潮之巅。

从功能城市到场景城市

未来学家丹尼尔·平克（Daniel H.Pink）说，人类进化到高感性时代。这是一个“不只有功能，还重颜值与情感”的时代。对于越来越多栖居在城市的年轻人来说，城市是一个互动的界面，city as a service，这个服务既要有功能性，也要有情感价值。也就是说，城市只提供功能、空间或许已经不够了，还要为“城市用户”创造独特，或令人感动的场景。人的改变，特别是在工作内容与生活方式上的改变也让我们看到，城市的逻辑在这个万物互联的时代也发生了转变。

我们相信，一座城市一个国家，并不会因为房地产公司造的房子多，而变得伟大；伟大城市的铸就需要有想法的人才、伟大的公司、强劲的产业集群。

我们能参与真正影响国家竞争力的产业地产，用我们所擅长的空间设计，为人才创造能激发潜能的创新区，这是一份让我们有使命感的事业。

目录 CONTENTS

序一　读《营造城市创新区：面向未来的创新空间设计》\ 郑时龄　I
序二　用空间激发创新 \ 葛培健　III
前言　共同营造城市创新区 \ 施道红　V

第 1 章 | 创新区，一种新的城市空间模式　01

1.1　创新区的前世今生　06
1.2　创新区是什么　07
1.3　15 分钟生活圈　07
1.4　创新区在这些地方产生　08
1.5　他山之石 —— 全球典型创新区的启示　10
1.6　五种典型的创新区　21
1.7　一个完善的创新区应有这五大群体　22
1.8　综合创新生态体系　27
1.9　三大发展趋势：集群化、网络化、开放化　29
1.10　终极目标：在创新区创造更多创新　31

第 2 章 | 五维一体的营造　33

2.1　高密度的混合　40
2.2　高频度的交流　76
2.3　高感性的场景　118
2.4　高层级的业态　142
2.5　高敏捷的体验　164

第 3 章 | 运营，创新的活力与起点 179

3.1 联盟管理 180
3.2 生态管理 181
3.3 活力管理 182
3.4 空间管理 183
3.5 活动管理 186
3.6 开发管理 187

第 4 章 | 创新力指数的解析与评判 189

4.1 评判总则：基于设计创新区五项原则的评判标准 190
4.2 评判呈现：创新空间风玫瑰 191
4.3 评判细则 192
4.4 评判示例 204

第 5 章 | 创新区的实践与未来 209

5.1 本土实践带来的启示 210
5.2 创新区是激发增长的中枢源 216
5.3 创新区不局限于固定的空间表达 218
5.4 创新区处在持续的动态更新中 219
5.5 创新区正在引领时代的发展潮流 221

参考文献 222

致谢 223

第 1 章｜创新区，一种新的城市空间模式

1.1 创新区的前世今生

1.2 创新区是什么

1.3 15 分钟生活圈

1.4 创新区在这些地方产生

1.5 他山之石 —— 全球典型创新区的启示

1.6 五种典型的创新区

1.7 一个完善的创新区应有这五大群体

1.8 综合创新生态体系

1.9 三大发展趋势：集群化、网络化、开放化

1.10 终极目标：在创新区创造更多创新

探索创新发展新模式是今后我国发展的重要课题

当前，我国将进入新发展阶段，发展的内部条件和外部环境正发生深刻复杂的变化，政府坚持把创新作为引领发展的第一动力，将创新型城市作为战略支点，加快实现高水平科技自立自强，推动创新型国家、科技强国建设。创新型城市把科技创新摆在城市发展全局的核心位置，充分发挥科技创新策源地作用，积极探索各具特色的创新发展模式，在引领经济高质量发展、深化科技体制改革、健全科技创新体系、优化创新创业环境、支撑区域协同创新等方面发挥重要作用，为我国进入创新型国家行列提供坚实支撑[4]。

创新区是国际创新地理空间的新范式

2017年6月，美国布鲁金斯学会发布《城市竞争力的新一轮发展：市长推动创新区发展的作用》报告（*Advancing a New Wave of Urban Competitiveness: The role of mayors in the rise of innovation districts*），提出创新区建设正在从根本上转变美国城市既有的发展模式，中心城区大量废旧工业区因为实施创新区计划而变得重新具有活力。[5]除了美国，创新区在其他国家的几十个城市和大都市地区也不断涌现，并展现了鲜明的个性特征和很高的规划水平。从全球来看，巴塞罗那（Barcelona）、柏林（Berlin）、伦敦（London）、麦德林（Medellin）、蒙特利尔（Montreal）、首尔（Seoul）、斯德哥尔摩（Stockholm）和多伦多（Toronto）等城市都有许多创新区的例子。

“创新区”的提出者布鲁斯·卡茨提到：传统的城市复兴战略主要依靠商业房地产，比如建个会议中心、体育场馆、文化场馆（通常用的是公共资金）来刺激发展、激励增长。但是，与传统的城市复兴战略不同，创新区战略通过公司的增长、价值网络的扩张、贸易部门的发展，帮助区域或者城市往价值链的高处移动，在全球竞争中获得更强的竞争力。

认知创新区空间发展的新意义

创新区是新兴产业产生的地方。在信息网络、生物科技、清洁能源、新材料与先进制造等领域，全球创新区正在孕育一批具有重大产业变革前景的颠覆性技术，由此而不断创造的新需求、新产品、新业态，为经济社会的发展提供了前所未有的驱动力，推动着经济格局和产业形态的调整，并成为各国竞争力的关键所在。

创新区是创新工作方式与生活方式的地方。知识跨界，多学科协作，创新区推动不同领域的知识在交流过程中碰撞产生新的颠覆性思想，带来新的技术突破。这些创新型的成果可以是科技人才在研发大楼里夜以继日的科研结晶，也可能是在街边口袋公园与学术大咖交流的惊喜，还有可能是刚大学毕业的学生萌发的创新种子。在这里，创新工作的类型多样，形式不限，也由此决定了在这里生活也会呈现不一样的面貌，大量创新型的第三空间将生活与工作融合在一起，艺术、文化要素也遍布各个空间，在这里，人才享受到的是新的生活与工作方式。

创新区是创新型人才聚集的地方。知识经济时代的到来，让人才成为最宝贵的资源，创新区因为新产业的不断产生，也成为各种创新型人才聚集的地方，人才循环、人才跨界融合、人才加速流动等现象，恰是以知识为基础的创新区新经济活跃的特征。

创新区是政府、社会、企业共创的地方。城市政府制定新的经济发展战略，并通过与适当的私营部门合作，协同推进城市发展新战略的实施。通过创新区建设计划，以功能定位、住房和公共基础设施建设等形成有利于创新创业生态系统的新经济空间。不同类型关联企业集群通过不断聚集在创新区，形成规模效应，让创新区的发展更加集约高效。创新区与社会的开放共享，既保持创新区与时代发展的同步，也作为推动社会进步的创新单元。

解锁创新区普适性发展的密钥

创新区的发展已在全球范围内积累了一定先进经验。由于我国快速的经济情况，创新区空间需求也在各地开始萌芽，中央创新区、科技创新区、产业创新区等概念层出不穷，然而目前，还没有一套能系统解读创新区在空间维度上的专著。本书从研究国际创新区案例开始，对创新区的定义、特征、生态等内容进行系统介绍，然后结合对国内不同城市产业集聚区政府、平台开发公司及知名产业地产公司的访谈调研，以 FTA 的设计项目实践为基础，解构创新区营造方式，从设计、管理、评判及未来的趋势判断，带领读者一起深度了解创新区，以期给中国城市建设提供创新区的建设模板。

1.1 创新区的前世今生

19 世纪末，马歇尔（A. F. Marshall）提出外部经济理论（External Economies），随着时代的发展，在此基础上衍生出韦伯（Alfred Weber）的工业区位理论（Industrial Location Theory）、波特（Michael E. Porter）的产业集群理论（Industry Cluster Theory）、熊彼特（Joseph Alois Schumpeter）的创新理论（Innovation Theory）、欧洲创新环境研究小组（GREMI）的创新环境概念（Innovation Milieu）。2014 年，卡茨正式提出“创新区”的概念。

目前，“创新区”还是一个较新的概念，但是它透露出的是新时代下城市发展的趋势。城市正在迈入创新驱动的发展时代，科技创新渐渐成为产业转型与经济增长的关键要素。因此，如何激发创新成为城市发展的新思考，成为创新区产生的直接本源。如图 1-1-1 所示。

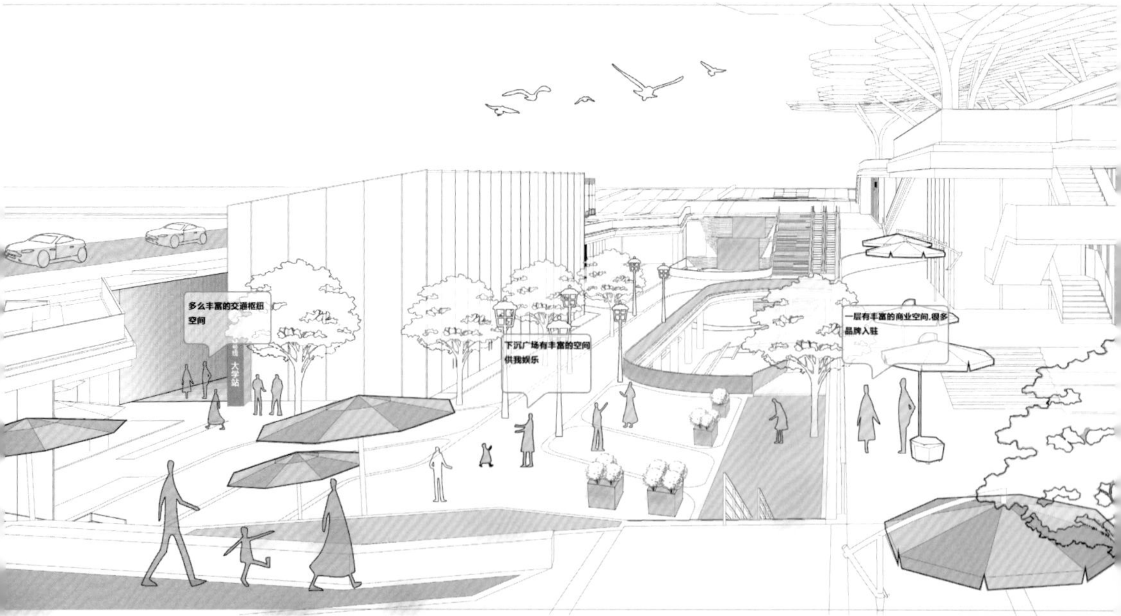

图 1-1-1 创新区示意

1.2　创新区是什么

目前，对于创新区的描述有很多种，我们选取《创新区的崛起：美国创新的新地理》[3] 中创新区的定义。

创新区是指聚集前沿研究机构与企业集群，并与初创企业、企业孵化器、加速器等创新型机构形成创新生态系统的地理区域，该区域是一种能够持续增加就业、促进新兴经济、优化城市功能的新的创新空间模式。

1.3　15 分钟生活圈

多数创新区规模在 1~3 平方千米之间，以 15 分钟生活圈为基础，步行距离不超过 1000~1500 米，包含大学、科研机构、企业集群、中介服务及生活服务的高密度创新集聚空间。如图 1-3-1 所示。

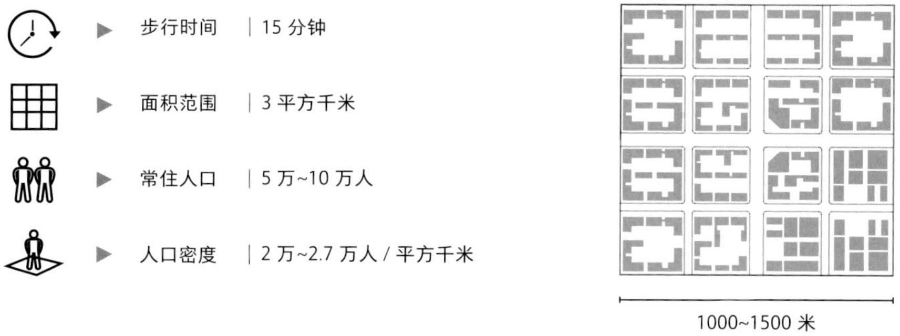

图 1-3-1 创新区规模

1.4 创新区在这些地方产生

近年来，创新区在国外大量涌现，尤其在美国，出现了许多值得我们研究学习的创新区，它们出现的区域并不局限于地理空间，我们选取了美国一些有代表性的创新区，来总结其发生地点。

城市市中心和次中心的“锚机构”附近。 这些城市包括亚特兰大（Atlanta）、巴尔的摩（Baltimore）、布法罗（Buffalo）、剑桥（Cambridge）、克利夫兰（Cleveland）、底特律（Detroit）、休斯敦（Houston）、费城（Philadelphia）、匹兹堡（Pittsburgh）、圣路易斯（St. Louis）和圣地亚哥（Santiago）。如图1-4-1所示。

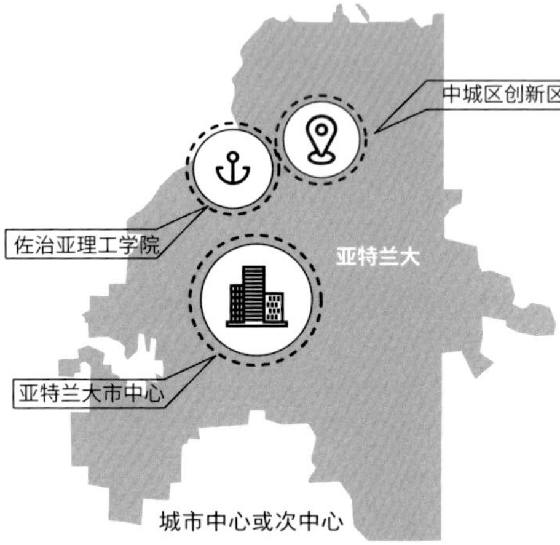

图 1-4-1 市中心的创新区

未被充分利用的区域（尤其是老工业区）。 波士顿（Boston）、布鲁克林（Brooklyn）、芝加哥（Chicago）、波特兰

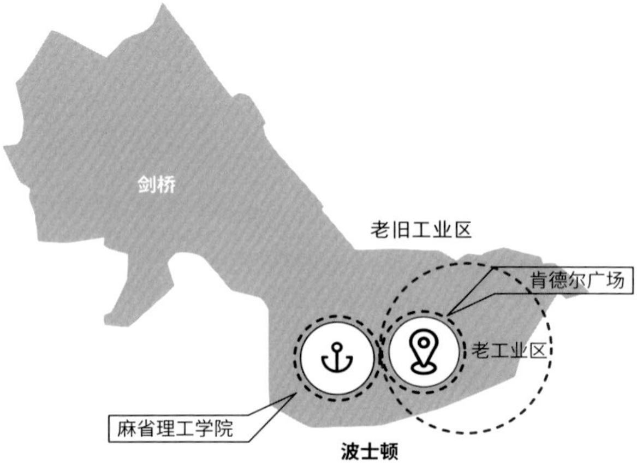

图 1-4-2 未被充分利用区域的创新区

（Portland）、普罗维登斯（Providence）、旧金山（San Francisco）和西雅图（Seattle）等一些城市正在重新规划创新区。如图1-4-2所示。

传统远郊科学园区。如北卡罗来纳州罗利-杜罕地区（ Raleigh-Durham, North Carolina ）的北卡三角研究园，也正在改造，以满足园区入驻机构更加城市化、充满活力的工作和生活环境需求。如图1-4-3所示。

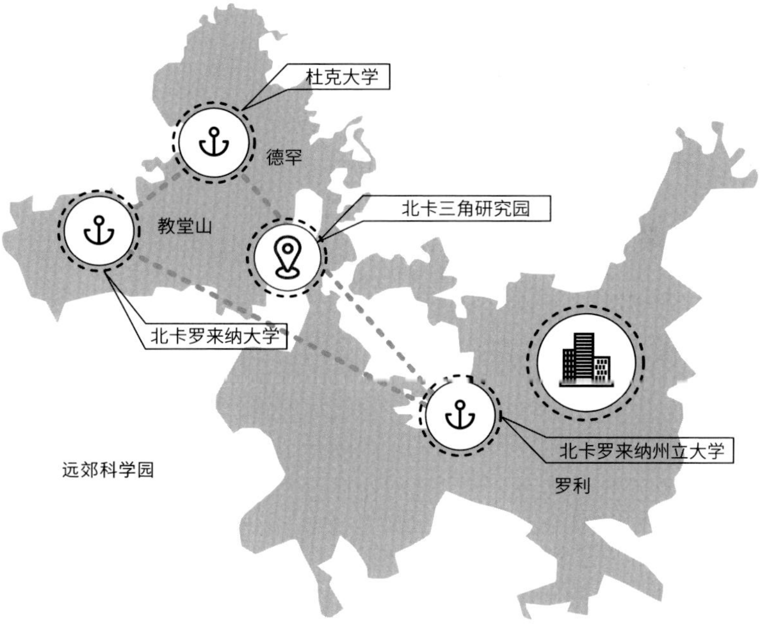

图 1-4-3 远郊的创新区

1.5 他山之石 —— 全球典型创新区的启示

本书内容研究了分布在全球的典型创新区，包括北美洲、东亚、东南亚等多个地区，从全球创新区的发展中总结共性规律，为我们创新区产品成果提供了扎实依据。

1.5.1 全球典型创新区案例

1. 伦敦国王十字街（King's Cross）

- 区位：伦敦市中心偏北处，靠近伦敦金融城、金丝雀码头等多个伦敦地标性建筑。
- 规模：0.27 平方千米。
- 园区简述：国王十字街基于“交通枢纽带动经济”的目标，采用“高度混合使用”手法，运河以南用于开发办公楼，运河以北用于建设住宅与配套。2013 年，谷歌进驻国王十字街。
- 社会效益：解决了片区形象不佳、交通阻塞、公共空间匮乏等问题，使其成为集文化艺术、商业商务于一体的活力街区。

2. 东伦敦科技城（Tech City）

- 区位：伦敦东区，是历史上伦敦贫民、移民的聚集区。
- 规模：约 1 平方千米。
- 园区简述：东伦敦科技城的开发路径是由政府主导搭建政产学研合作关系网络，借助邻近伦敦金融城的优势，在世界一流产业园建设分支机构，通过浓厚的艺术氛围、创新氛围吸引并培育独角兽企业，并且出台人才优惠政策来吸引人才。
- 社会效益：东伦敦科技城整合了伦敦市的各类资源，搭建科技城高科技产业发展生态圈，支撑高科技产业发展。

3. 波士顿肯德尔广场（ Kendall Square ）

- 区位：美国大波士顿都会区剑桥市的核心地带，与麻省理工学院一墙之隔。
- 规模：约 2.59 平方千米。

- 园区简述：肯德尔广场是典型的依托高等院校、科研院所与龙头企业等锚机构发展的创新区，聚焦生物医药与电子信息产业。
- 社会效益：在肯德尔广场，大学、机构、企业完全开放、有机地融入城市，人们在这个片区可以无障碍地交流。

4. 剑桥科技园（Cambridge Science Park）

- 区位：英国东南部剑桥郡。
- 规模：0.62 平方千米
- 园区简述：剑桥科技园是企业与学术界合作的产物，促进产学研转化，促使大学研发成果能够直接用于生产。
- 社会效益：园区平均每年的国内生产总值增长率高于英国水平，园区利用大学的学科优势与人才，在企业与学者之间搭建起桥梁，建立专业的孵化器，成为英国乃至整个欧洲的活力源泉之一。

5. 北卡三角研究园（Research Triangle Park）

- 区位：杜克大学、北卡州立大学和北卡大学教堂山分校的中心地带。
- 规模：4.66 平方千米。
- 园区简述：北卡三角研究园之所以取得如此迅速的发展，主要得益于政府、工商企业和大学之间的密切合作，将新科技产品开发与高教科研紧密结合起来。
- 社会效益：促进了产学研结合与转化，促进经济发展，定向留住人才，增加区域活力。

6. 北京中关村科学城

- 区位：北京市海淀区。
- 规模：217 平方千米。
- 园区简述：中关村经过 20 多年的发展建设，已经聚集以联想、百度为代表的高新技术企业近 2 万家，形成了下一代互联网、移动互联网和新一代移动通信、卫星应用、生物和健康、节能环保、轨道交通六大优势产业集群。
- 社会效益：中关村科学城内的各类孵化器已成为科技成果转化和高新技术企业成长的摇篮。

7. 上海创智天地

- 区位：上海市杨浦区，邻近五角场，毗邻复旦大学、同济大学。
- 规模：0.84 平方千米。

· 园区简述：创智天地主要包括商务办公和研发办公两大功能组团，将大学校区、社区、科技园区“三区”融合，打造开放街区，增加街区交流空间，提升区域活力。
· 社会效益：创智天地打造知识型社区，为人才和企业提供一个适合其发展、易于产生交流的生态环境，集研发、培训、孵化的产业功能与娱乐休闲的生活功能于一体。

8. 深圳光明科学城

· 区位：深圳，北起深莞边界，东部和南部以光明区辖区为界，西部以龙大高速和东长路为界。
· 规模：规划总面积 99 平方千米，建设用地约 31 平方千米。
· 园区简述：光明科学城以“一心两区，绿环萦绕”理念进行总体空间布局。“一心”为光明中心区，“两区”为装置集聚区和产业转化区。“绿环萦绕”则是科学城蓝绿活力环。
· 社会效益：以“开放创新之城、人文宜居之城、绿色智慧之城”为建设目标，建设人才集聚的全球科技创新高地。

9. 香港科学园

· 区位：中国香港大埔区白石角，吐露港沿岸，邻近香港中文大学。
· 规模：0.22 平方千米。
· 园区简述：香港科学园内设有各类科研实验室，包括生物样本库及生物医学信息平台、机器人技术促进中心等，园内还有香港特区政府的创科旗舰项目“InnoHK 创新香港研发平台”，旨在将香港发展成为全球科研合作中心。
· 社会效益：为年轻人及创科企业提供更多机会。

10. 上海张江科学城

· 区位：张江科学城位于上海市浦东新区中心位置。北至龙东大道、东至外环 - 沪芦高速、南至下盐公路、西至罗山路 - 沪奉高速。
· 规模：95 平方千米。
· 园区简述：目前，张江汇聚企业 1.8 万余家，高新技术企业 828 家，初步形成了以信息技术、生物医药为重点的主导产业。
· 社会效益：努力建设成为“科学特征明显、科技要素集聚、环境人文生态、充满创新活力”的世界一流科学城。

11. 硅谷（Silicon Valley）

- 区位：加利福尼亚北部，旧金山湾南端。
- 规模：1854 平方千米，核心地带面积约 800 平方千米。
- 园区简述：硅谷由政府、金融机构、教育机构三个核心驱动力推动发展。硅谷始终坚持大学、科研机构、企业相互依赖、有机结合和高效合作。政府也为其提供创新政策与法律政策，为其高新技术产业发展创造了有利条件。
- 社会效益：实现了产学研一体化，将世界一流大学科研成果产业化，促进学术创新创业，从学生创业衍生高新企业。

12. 埃因霍温高科技园（High Tech Campus Eindhoven）

- 区位：荷兰南部。
- 规模：1 平方千米。
- 园区简述：埃因霍温园区遵循“开放式创新”与“创造交流空间”的原则，将景观作为设计的主导，连接人与建筑，园区内步行友好，生活服务与产业服务并重。
- 社会效益：埃因霍温高科技园每平方千米人均知识专利世界第一，被评为世界上最智慧的园区。

13. 布鲁克林工业城（Brooklyn Industry City）

- 区位：布鲁克林日落公园海滨。
- 规模：0.15 平方千米。
- 园区简述：布鲁克林工业城与切尔西市场联动，打造整个社区的中心，也与各种艺术机构、文化零售店合作，提供各种文化活动，营造充满活力与创意的氛围，吸引众多创新型企业与人才。
- 社会效益：低廉的租金与浓厚的艺术氛围让布鲁克林成为纽约人口增长最快的区，成为产业回归城市并发展的土壤。

14. 筑波科学城（Tsukuba Science City）

- 区位：距日本东京东北约 60 千米的筑波山麓，距成田国际机场约 40 千米。
- 规模：284 平方千米。
- 园区简述：日本政府在筑波科学城内建立筑波大学，并以之为中心，培育大学与产业、科学城内各研究机构的相互合作与有机联系。
- 社会效益：使筑波成为一个综合的研究都市，筑波大学为各个研究机构输送了大量优秀后备人才。

15. 苏格兰高科技区（Silicon Glen）

· 区位：英国苏格兰中部地区，包括格拉斯哥、爱丁堡、斯特灵、利维斯顿、邓迪等地区。
· 规模：5 平方千米。
· 园区简述：英国苏格兰高科技区是英国高科技产业中心，聚集了皇家科学院科研机构和 400 余家高科技企业，生产了英国 80% 的集成电路和 50% 以上的计算机和软件及附件产品。
· 社会效益：成为欧洲的电子工业中心之一，吸引许多海外及当地新兴高科技公司在此投资落户，成为苏格兰高新技术集合地，不断为企业及研发中心输送优秀人才。

16. 微纳米科技园（Minatec Campus）

· 区位：法国格勒诺布尔市。
· 规模：0.2 平方千米。
· 园区简述：微纳米科技园由法国原子能总署、格勒诺布尔市政府、格勒诺布尔国立综合理工学院和私营企业共同投资。园区拥有大学、研究院、孵化器等，融合了教育、科研、工业、产业，打通了纳米科技等领域的整条产业链。
· 社会效益：深度实践产学研一体化的办园理念，确保了法国创新科技的转化速度。

17. 纬壹科技城（One-North）

· 区位：新加坡中心填海区，距市中心 20 分钟车程。
· 规模：2 平方千米。
· 园区简述：纬壹科技城毗邻多所高校。园区在功能划分上分为生物医学研发中心 - 启奥生物医药园、信息通信、自然科学与工程学研发中心 - 启汇园、数字媒体中心 - 媒体工业园。
· 社会效益：新加坡完善、先进的科技平台与管理组织体系的集中地带，新兴科创产业的中心，堪称亚洲“科创新城”启蒙者。

18. 海德堡列车新城（Bahnstadt Heidelberg）

· 区位：海德堡市中心，紧邻火车站。
· 规模：1.1 平方千米。
· 园区简述：海德堡列车新城将提供容纳 5000 人的居住空间与满足 7000 人的工作场所，人们汇集于此居住、办公、学习与休闲。多样的功能相互融合，又凭借连通火车站的地利，共同成就了一个富有活力的新城区。
· 社会效益：为世界最大的被动房城区，仅需极低的建筑能耗，成为“全欧洲第一个零碳排放小区”。

19. Ideon 科技园（Ideon Science Park）

- 区位：瑞典隆德大学旁。
- 规模：0.3 平方千米。
- 园区简述：Ideon 科技园占地近 0.3 平方千米，12 万平方米的办公面积，园内有 400 多家公司，9000 多名员工，以研发信息通信、生命科学和绿色技术为主。
- 社会效益：Ideon 科技园与隆德大学和隆德技术学院间确立了紧密协作关系，76% 的公司与隆德大学有紧密合作关系。科技园主动吸引高校研究人员兼职，为学生提供实习机会，形成了产学研紧密结合的产业创新机制。

20. I-270 科技走廊（I-270 Biotech Corridor）

- 区位：美国首都华盛顿北部。
- 规模：延伸 50 余千米。
- 园区简述：I-270 科技走廊两侧遍布高技术企业、研究机构与大学，它是美国乃至世界顶级的生物医药聚集地。
- 社会效益：集聚了近 250 家美国最重要的科研机构和实验室，获得美国国立卫生研究院科研经费全国第一。

21. 得克萨斯医疗中心（Texas Medical Center）

- 区位：休斯敦市中心以南约 1.6 千米处。
- 规模：约 5.44 平方千米。
- 园区简述：得克萨斯医疗中心拥有 44 个成员机构，10.6 万名员工，聚集了 50 多家国际水准的医疗卫生机构，包括儿童医院、肿瘤医院、心脏医院，以及器官移植、临终关怀、心理健康和预防保健等相关机构。
- 社会效益：全球最大的医疗健康产业聚集地，每年吸引来自世界各地的患者前来就诊，带动区域经济年产值达 140 亿美元。

22. 迈阿密设计区（Miami Design District）

- 区位：迈阿密中城北部。
- 规模：0.29 平方千米。
- 园区简述：迈阿密设计区拥有 130 多家艺术画廊、展厅、创意服务店、商店、古董店、餐馆和酒吧，造就了美好的公共艺术与整体氛围。

· 社会效益：解决了犯罪频发的区域问题，将危险街区变成网红打卡地，促进了创新的发生，带动了周边房价与租金的上涨。

23. 哥本哈根医药谷（Medicon Valley）

· 区位：丹麦首都哥本哈根和瑞典斯科纳省马尔默、隆德等城市之间，范围涵盖丹麦东部的西兰岛和瑞典西南部。

· 规模：0.21 平方千米。

· 园区简述：医药谷创造了一种“三重螺旋产业生态系统”，即政府机构、研究基础设施和业务网络相辅相成。

· 社会效益：医药谷产业生态具有支持性和协作性特点，为技术创新商业化营造了良好空间，带动生命科学产业蓬勃发展。

24. Punggol 数字区（Punggol Digital District）

· 区位：新加坡东北角。

· 规模：0.5 平方千米。

· 园区简述：新加坡 PDD 是第一个采用一体化总体规划方法的区域，将商业办公园区、大学和社区设施汇集在一起，并且与周围环境无缝融合，打造区域整体宜居大生态。

· 社会效益：园区具有协同效应，优化了土地利用并促进社区建设。整合技术与创新平台及服务，让人们在一个包容和可持续发展的活力社区里工作、生活、学习和娱乐。

25. 班加罗尔国际科技园（International Tech Park Bangalore）

· 区位：距班加罗尔市区 20 千米处。

· 规模：0.27 平方千米。

· 园区简述：印度班加罗尔国际科技园入驻企业种类丰富，涵盖信息技术、生物技术、电子通信等行业。园区秉承工作、娱乐、生活一体化的发展理念，提供丰富活动与多样业态。

· 社会效益：促成了全球跨国公司的投资蔓延。

26. 西雅图南湖联合区（South Lake Union）

· 区位：西雅图市区北侧。

· 规模：2.7 平方千米。

· 园区简述：西雅图南湖联合区拥有多功能的区域经济发展引擎，融合居住、交通功能，吸引全球高科技企业和生命科学领域的优秀企业。
· 社会效益：南湖联合区“情景街区”式的城市园区为员工提供多元化的工作和生活环境，创造出更多的员工交流场所和就业机会，吸引更多人才和创新型企业。

27. 匹兹堡（Pittsburgh）

· 区位：美国东北角宾夕法尼亚州。
· 规模：144 平方千米。
· 城区简述：匹兹堡拥有一个紧密编织的协作生态系统，其中包括研究型大学、社区学院、地方政府机构、创业公司、各种支持者及供应商。这些组织共享知识、互动、反馈、成长。
· 社会效益：匹兹堡经济快速发展，成为世界机器人与自动化的领导者。

28. 奥斯汀（Austin）

· 区位：美国得克萨斯州。
· 规模：704 平方千米。
· 城区简述：奥斯汀具有浓厚的科创氛围，由于大公司的种子效应，奥斯汀有许多创新企业、非常多的孵化器，创新企业可以获得导师、场地、资金帮助和优惠政策。另外，“西南偏南”音乐节已经成为一场世界级“科创 + 音乐 + 电影”盛典。
· 社会效益：奥斯汀具有惊人的创业增长速度，从小镇快速跃升为“国家级”创新创业先驱城市。

29. 波特兰（Portland）

区位：美国俄勒冈州，属于美国西部地区。
· 规模：376.5 平方千米。
· 城区简述：波特兰具有独特自由的城市气质，倡导简单纯净的慢生活。波特兰政府提出了“完整社区”的概念，在区域规划、社区参与、绿色空间及历史建筑保护方面都具有成熟的体系，让城市充满了条理性与创造性。
· 社会效益：波特兰独特的城市气质与成熟规划吸引了大部分人才，帮助波特兰完成了产业升级，带动了城市经济。

1.5.2 全球典型创新区案例总结

创新区分布在全球格局中的不同区域，尽管各区域发展水平有差异，创新方式也各不相同，但这些创新区在促进增长、改变地方创新环境上存在一些共性特征。

创新区是各种创新要素高密度聚集的地方。创新区是国家大学、科研机构和科研人才数量多、质量高的区域。硅谷已成为美国乃至全世界科技创新中心的代名词，基于其拥有的斯坦福大学（Stanford University）和加州大学伯克利分校（UC Berkeley）等十余所大学，美国国家航空航天局艾姆斯研究中心（Ames Research Center）、美国能源部劳伦斯 • 利弗莫尔国家实验室（Lawrence Livermore National Laboratory）等数十家国家级研究中心，拥有的 50 多位诺贝尔奖获得者、上千名各国的科学院院士和工程院院士、几万名工程师，形成了一套不断产生和进化新技术、新商业模式的创新生态系统。因此，创新区的成功有赖于高密度的创新要素集聚。

创新区呈现产业多元化、布局均衡化的格局。近年来，全球创新区的产业构成大多发生了渐进性转变，从单一产业支撑转向多元产业支撑；产业的空间布局亦随之发生渐进性扩散，从单一集聚核心转向多点集聚。日趋多元的支柱产业和相对均衡的空间布局使这些科创中心获得了较高的经济弹性，较快实现了国际金融危机之后的经济恢复和科技发展。在支柱产业多元化发展方面，硅谷所在的旧金山、波士顿、慕尼黑等城市的表现非常突出。在硅谷地区，生命科学产业已经超过移动通信、软件开发、计算机硬件与服务、电子等与信息技术紧密相关的产业部门，成为仅次于互联网产业的第二大产业。在波士顿地区，生物科技产业的兴起和创新区的多次再造，已经完全改变了波士顿早期以电子产品产业为主的创新经济格局，以及此前以垂直一体化大型企业为主的单一发展模式。

创新区的城市规划与基础设施建设高度先进。创新区是创新资源高度集中的地方，越多的集聚，对于空间载体会有越大的挑战。东京把绿色、活力、宜居视为未来发展战略，导向筑波科学城，引导筑波建设成为功能齐备的城市，避免“科学孤岛”的诸多弊端，为人才的集聚营造优良的环境。

创新区专注营造高度开放的创新环境。全球有影响力的科创中心都有着高度开放的创新环境，也都把支持中小企业创新摆在重要位置。科创中心的开放不仅表现在城市内部不同创新主体之间的开放，而且也表现在跨区域、跨国界进行的创新合作上面。在硅谷的技术人员中，亚洲人占了 60%，高技术移民人口占当地总人口的 1/3 以上，其创建的企业超过硅谷全部高科技企业的 1/3。硅谷也鼓励和支持高校、研究机构与企业之间创新资源相互开放——几乎每个教授都办公司，几乎每个学生都在公司任职或自己创业，同时硅谷人才具有高度流动性，跳槽十分频繁，是世界上“跳槽率”最高的人群。对人才的开放包容成就了今天的硅谷。

创新区拥有政府强有力的支撑。根据布鲁金斯学会的研究，城市政府在推动创新区建设过程中扮演了重要的角色——召集者、督促者和催化者，对创新区计划的顺利实施起着关键作用。作为召集者，政府通过召集不同利益相关者协商并主导提出创新区建设计划，坚定推动创新区建设计划实施。作为督促者，地方政府或城市市长在形成推动创新区建设的共识后，可以作为督促者公开宣布创新区战略愿景，并对关键利益相关者进行放权，制定落实战略愿景的创新区建设行动方案，并竭力推动创新区建设计划实现包容性发展。作为催化者，在宣布实施创新区建设计划后，地方政府和行政长官可以通过完善区域基础设施和公共设施等方式，特别是通过众创空间、创新中心、加速器和孵化器等创新创业生态系统的塑造，来坚定地推动创新区建设。同时政府也会提供各种政策包括税收、补贴贷款、运作机制及有针对性的法律法规等。例如，日本筑波从确立建设科技创新中心起的每一阶段，日本政府都有相应的专门规划，在科技创新过程中制定了大量优惠政策，并通过立法形式予以保障。政府强大的意志和巨大的投入直接推动着筑波的发展，作为典型的政府主导型科学园区，筑波实现了快速崛起。可以说，在这个过程中，政府发挥了至关重要的作用。

1.6 五种典型的创新区

大学主导型

依托大学，以知识创新为主导方向，吸引企业及研发机构聚集，围绕高校平台进行创新创业活动的城市创新区。如波士顿肯德尔广场、昆士兰创意产业园、牛津科学园……

科学转化型

依托科学装置的成果转化，吸引研发型企业集聚，成为大中小企业及中介机构驻扎的城市创新区。如北卡三角研究园、筑波科学城、深圳光明科学城……

龙头平台型

依托龙头企业上下游产业链的聚集效应，吸引中小企业集聚，激发创新活动的城市创新区。如埃因霍温高科技园、西雅图南湖联合区……

政府培育型

依托政府招商引资的发展引导，吸引研发型企业集聚，激发创新活动的城市创新区。如纬壹科技城、上海张江科学城……

市场导向型

依托市场区位与地租价格，高科技企业向非核心地区的转移，形成创新活动集聚的城市创新区。如东伦敦科技城、伦敦国王十字街、得州奥斯汀硅丘……

1.7　一个完善的创新区应有这五大群体

纵观全球任何一个创新区，无论是大学主导型、政府培养型、市场导向型，还是龙头平台型，亦或科学转化型，尽管触动创新区发展的源头各不相同，但创新区最终发展成熟后，其功能都离不开几大主体，即科研院所、企业集群、风险投资、创新中介，以及人才。

就拿波士顿的肯德尔广场来讲，最初是依托麻省理工学院（Massachusetts Institute of Technology）与哈佛大学（Harvard University）优势的生物医药学科资源建立起来的，利用癌症研究所的产学研成果，吸引世界著名的制药公司包括辉瑞（Pfizer Inc.）、诺华（Novartis）等企业汇集。同时，由于对行业龙头的依赖，慢慢地这里开始活跃各种中小企业。自从肯德尔广场创新中心建立后，通过各种公共资源的共享与孵化设施的建立，出现了大量创业团队与初创公司，由于企业成长的需求，接踵而来的就是风险投资机构，为这个区域注入大量资金支持，完善的创新生态让人才在这里得到比其他地方更多的机会，有接触行业大咖的学习机会，有认知市场前景的创业机会，有获得知识共享的交流机会，等等。

因此，一个完善的创新区应该包括科研院所、企业集群、风投机构、创新中介、人才团队五大部分。科研院所是创新的来源，企业集群增加创新区的吸引力，风投机构与创新中介为创新提供保障与支持，人才团队是创新区的第一生产力。在这样的完整生态里面，创新区会呈现一种自发状态，科研院所提供的产学研成果源源不断地吸引着各种企业的集聚，上下游相关联的企业在这里进行着行业交流，寻找相互之间的合作机会，谋求新的发展领域。在新的领域里面产生新的需求，中小初创企业会在这些新需求下慢慢成长起来，借助风险投资的加持和公共中介的支撑，概念种子变成了初创企业，中小企业成长为成熟的大型企业，成熟的大企业发展成为行业龙头，行业龙头的规模效应会要求它在城市 CBD 或其他区域继续扩大，这样创新区内企业成长的正向循环不断展开，新的企业持续产生，龙头企业持续壮大。

科研院所云集是国际科技创新中心的重要特征。硅谷、波士顿等地的创新实践经验显示，高校和科研机构在国际科技创新中心形成过程中发挥了不可或缺的积极作用。例如，硅谷周边聚集了斯坦福大学、加州大学伯克利分校等全球顶级的高校，以及 SLAC 国家加速器实验室（SLAC National Accelerator Laboratory）、帕罗奥多研究中心（Palo Alro Research Center）等全球知名的研究机构，为硅谷产业界源源不断地输送着领先技术。值得一提的是，斯坦福大学在硅谷的发展过程中起过非常重要的作用，据统计，斯坦福大学师生和校友创办的企业产值占硅谷产值的 50% ～ 60%。

又如，波士顿地区拥有超过 100 所大学，比如哈佛大学、麻省理工学院、塔夫茨大学（Tufts University）、波士顿学院（Boston College）、波士顿大学（Boston University）等，其中全美高校排名前 50 名的有 7 所，是名副其实的美国高等教育核心区。据调查，麻省理工学院在本地的关联企业超过 1000 家，全球销售额为 530 亿美元，直接创造当地就业岗位 12.5 万个。正是在这些强大科研机构的支撑下，波士顿自 20 世纪 90 年代起成功转型成为全球最重要的创新中心之一。

人才高度聚集是国际科技创新中心的基本特征。国际科技创新中心都将人才视为“第一资源”。例如，以色列的特拉维夫（Tel Aviv）是一个依靠人才推动创新的典型城市。这座面积只有 51.8 平方千米、人口约有 40.3 万的城市，聚集了以色列近 1/4 的高科技企业，还有近 800 家“种子期”公司。特拉维夫每平方千米就有 19 家创业公司，每 431 人中就有 1 人在创业，是全球人均创业者最多的城市；1/3 人口是 18 岁到 35 岁的年轻人。根据全球创业生态系统的政策咨询和研究机构——创业基因组（Startup Genome）发布的《2019 年全球创业生态系统报告》（*GSER* 2019），特拉维夫排名全球第 6 位。

再如，波士顿同样是一座因人才而兴的城市。17 世纪中叶到 20 世纪初，波士顿经历三次大的发展危机，但都因其雄厚的人力资源优势使城市化危为机。波士顿发达的高等教育为该地区建立了丰厚的人力资源，世界一流的研究机构和公司集聚于波士顿也对人才形成了巨大的吸引。据统计，2010—2014 年波士顿就职于高新科技领域的雇员每年以 4.6% ～ 6% 的增速逐年增加。2016 年，通用电气决定把公司总部迁至波士顿，其中一个重要原因是波士顿能够比较容易地吸引多元化科技人才。

风险投资在国际科技创新中心的创新生态系统中扮演着资金提供者和资源连接者的角色。硅谷、波士顿、特拉维夫等国际科技创新中心的风险投资机构都非常发达。风险投资机构根植于硅谷和波士顿。据《2018 硅谷指数（*Silicon Valley Index*）》和《美国风险投资协会（NVCA）2018 年报》发布的数据，2017 年硅谷、旧金山风险投资额分别达 140 亿美元和 109 亿美元，两者合计占全美 38.9%，整个加州占全美 51.03%。波士顿所在的马萨诸塞州是美国另一个风险投资集聚地。近 10 年马萨诸塞州占全美风险投资资金的比重维持在 9% ～ 12% 之间。

事实上，全球第一家现代风险投资机构——美国研究与发展公司（American Research and Development Corporation）于 1946 年在波士顿诞生，该公司曾成功孵化 DEC 等一批创新型企业。目前，波士顿集聚了北桥（North Bridge）、北极星（Polaris Partners）等一批优秀风险投资机构。特拉维夫也是世界上风险投资最为密集的地区之一。大多数进入以色列的国际银行和风险投资公司都将总部设在特拉维夫。1993 年，以色列政府推出风险基金“Yozma”计划，该计划提供保险给投资者，当创新目标失败时，由保险去承受 80% 的风险损失，极大地促进了以色列的风险投资。可以说，风险投资的兴起改变了硅谷、波士顿和特拉维夫的创新路径，成为国际科技创新中心形成过程中的重要“催化剂”。

国际科技创新中心普遍都有非常完善的创新中介服务网络，其中最突出的领域包括律师事务和技术转移等。硅谷、波士顿都受益于美国顶级律师事务所提供的专业服务。例如，硅谷拥有威尔逊（Wilson Sonsini）、科律（Cooley）、欧华（DLA Piper）等一批全球知名律师事务所。这些律师事务所甚至愿意为初创公司提供新公司注册、起草投资条件书等无偿的服务。律师事务所通过这种方式廉价地获取客户，因为这些初创公司可能变成明天的谷歌或脸书。又如，波士顿地区共计拥有 30 多家技术转移中介机构，极大促进了本地区大学研发的新产品、新技术转让给当地企业。麻省理工学院的技术许可办公室是全美开展大学专利使用转让最活跃的机构之一，与产业界、风险投资市场和企业家保持着长期且密切的合作关系。据不完全统计，过去 10 多年经麻省理工学院技术许可办公室专利转让催生了数百家高新技术公司，涵盖生物、信息、纳米等产业领域。再如，以色列的大学从 1959 年就开始成立自己的技术转移公司。特拉维夫大学于 1973 年设立了拉莫特技术转移公司，专门负责推动大学研究成果的商业化。拉莫特技术转移公司与企业和投资者的合作方式包括技术许可、研究合同、创办新兴企业、研究联合体等，通过这些方式拉莫特技术转移公司成功地与以色列的大多数企业，甚至国际企业建立了协作关系。

国际科技创新中心的标志性特征是拥有一批世界级企业和强大的创新企业集群。从欧盟（EU）发布的《2017 全球企业研发支出榜单》（*The 2017 EU Industrial R&D Investment Scoreboard*）可以看到世界级科技企业的全球分布情况。例如：英国伦敦拥有以阿斯利康（AstraZeneca）、葛兰素史克（GSK）、巴克莱银行（Barclays Bank）、联合利华（Unilever）、劳埃德银行（Lloyds Bank）、励讯集团（RELX）等为代表的 57 家世界级企业；美国旧金山硅谷更是拥有英特尔（Intel）、苹果（Apple）、甲骨文（Oracle）、思科（Cisco）、脸书（Facebook）、博通（Broadcom）等多达 165 家世界级企业，纽约拥有辉瑞、IBM、百时美施贵宝（Bristol-Myers Squibb）、百事（PepsiCo）、再生元制药（Regeneron Pharmaceuticals）、康宁（Corning）、高露洁 - 棕榄（Colgate-Palmolive）、万事达（Mastercard）为代表的 58 家世界级企业，波士顿拥有通用电气（GE）、生化基因（BIIB）、福泰制药（Vertex Pharmaceuticals）、雷神（Raytheon）、德事隆集团（Textron）、亚德诺（Analog Devices）、泰瑞达（Teradyne）、阿卡迈技术（Akamai）、孩之宝（Hasbro）为代表的 87 家世界级企业；日本东京拥有本田（Honda）、索尼（Sony）、日立（Hitachi）、佳能（Canon）、东芝（Toshiba）、三菱电机（Mitsubishi Electric）、富士通（Fujitsu）、住友集团（Sumitomo）、三菱化学（Mitsubishi Chemical）、日本电气（NEC）、三菱重工（Mitsubishi Heavy Industries）等多达超过 200 家的世界级企业。当然，世界级企业绝不是孤零零的几棵大树，而是需要在特定的创新生态系统中运行。

创新区的五大主要群体

科研院所云集

无论是高校、研发机构，还是科学装置，这些科研院所是为创新区提供源头创新能力的支撑。

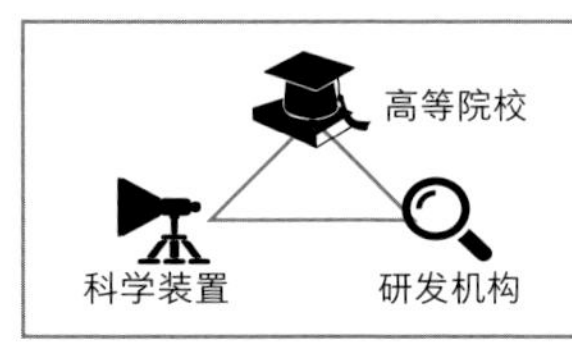

企业集群发展

龙头企业与初创企业最先在创新区聚集，通过健全产业集群吸引大量中小企业，形成企业集群式发展。

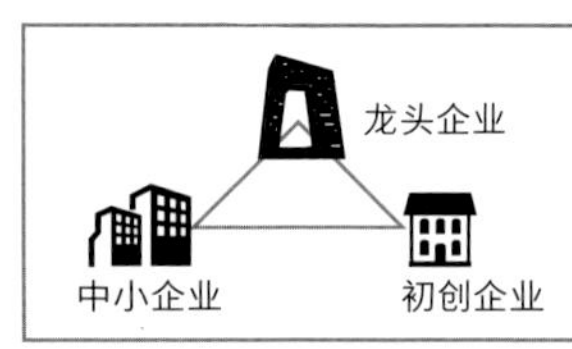

风险投资充裕

风险投资扶植大量初创企业的兴起，保障创新区创新活力。

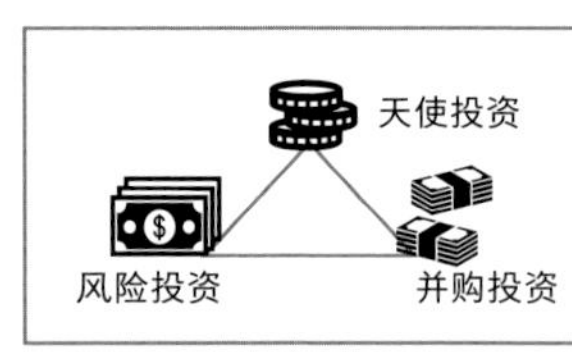

创新中介发达

完善的创新中介服务网络，服务于技术转化、知识产权保护、成果转移等产业服务是创新区持续产生创新活动的保障。

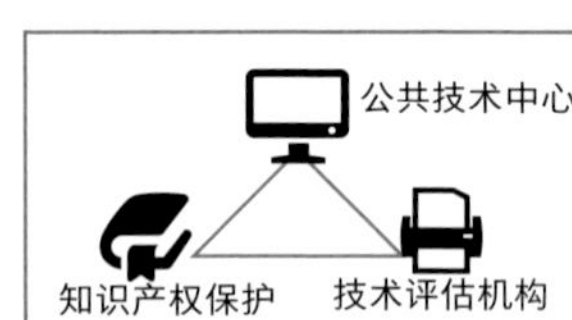

人才高度集聚

创新区的人才被视为“第一资源”，以科技创新、知识创新为主导的产业门类依赖于人才的高度集聚。

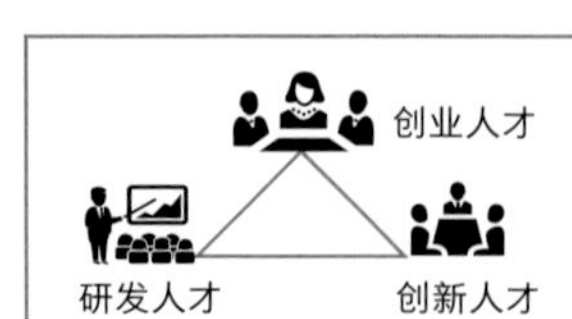

1.8 综合创新生态体系

创新区之所以可以成为各个城市产生增长的动力源，最关键的原因在于创新区的生态体系。健康的生态体系让创新区内的各个功能主体发挥各自效用，功能主体之间相互依存，共生发展。科技人才、科研院所、企业集群、中介机构及风险投资群体，相互之间紧密联系，共同搭建创新区的生态环境。

我们可以把创新区中的生态体系形象地比作一棵茁壮成长的树。科技人才是产生创新的基础，这些不同专业不同领域的人才，就如同含有不同种类矿物质营养元素的土壤，有管理型的、有技术型的、有学术型的，各式各样的人才，为创新区发展提供基础，源源不断地输送人才养分。

科研院所如同创新区的功能主干，依托人才基础，利用高校、研发机构或者科学装置，汇集产学研成果，设置实验技术设施，为科研成果的产业化提供支撑，同时也为企业集群提供研发平台，帮助企业攻克技术难关。科研院所对行业龙头企业有较大吸引力，企业为节省研发成本，需要借助高校或者研发机构，帮助它们解决“卡脖子”技术，或者创新产品，为企业发展创造新的方向，例如，上海的紫竹科技园借助上海交通大学的学科优势，汇聚如微软（Microsoft）、英特尔、可口可乐（Coca Cola）、印孚瑟斯（Infosys）、中国商飞、中广核集团、东软软件为代表的一大批有国际影响力的知名企业。对于一棵树来讲，这就像树干上生长出的枝叶一样，大型企业不断地聚集在研究院所附近，与之相关联的中小企业也会集聚过来，这个现象的典型例子就是荷兰埃因霍温高科技园，最早作为飞利浦（Philips）的研发基地，由于龙头企业的吸引及技术设施资源的共享，无数中小企业汇聚在这里，如今的埃因霍温高科技园，尽管飞利浦已搬去阿姆斯特丹，但这里仍然是各种中小企业喜欢聚集的地方。这就好比一棵大树枝条上又再生长出的无数小叶子一样，大企业与中小企业共同形成了枝繁叶茂的树冠。

创新区最具价值的作用就是孵化职能，各种各样的中介组织在这里挖掘与培育新想法，通过知识产权保护、产学研转化、公共技术平台、创新学院等一系列服务，扶植创新区内最初的概念创业种子，这就像一棵成长中的大树，到一定时间就会开花，各种中介组织犹如蝴蝶授粉，帮助花朵成长为果实，这里的花朵就是最初的概念想法，果实就可以代表初创团队。

创新生态离不开阳光雨露的滋养，无论是龙头企业、中小企业乃至初创企业，风险投资都是各类企业得以可持续发展的关键，成熟企业需要资金进行规模化再扩张，初创企业需要资金开启业务，这就像只有在阳光雨露的呵护下，一棵小树苗才可以成长为参天大树。

创新区生态是不断循环往复的，肥沃的土壤、多种类的蝴蝶、充足的阳光雨露，让创新区生态树的果实再次落地、生根、发芽，最终成长为新的大树、新的生态，如此不断循环。如图 1-8-1 所示。

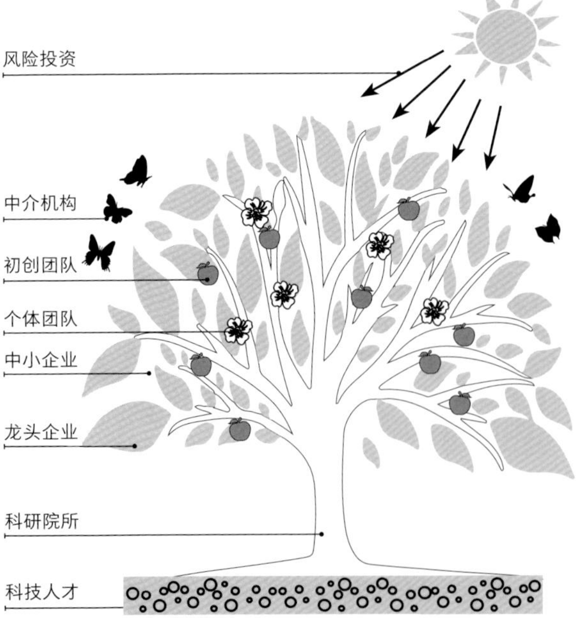

图 1-8-1 创新生态树

1.9 三大发展趋势：集群化、网络化、开放化

在复杂多变的城市化进程中，随着科学技术的高速发展，创新的空间也在不断变化。

城市规模扩张到一定程度后，空间的聚集优势明显。交通效率的提升、交易成本的降低、行业资源的共享，都要求创新区呈现集群化的发展模式。在集群化组织中，产业上下游相关联的企业邻近布局，依据企业间的行为活动划分功能分区，大大提升创新区的空间使用效率。

同时，由于信息化、数字化、智能化技术的逐渐普及，创新区不再受限于传统的地理空间约束，创新的功能开始连接紧密，以网络化的形式加强全球创新空间联络。

保持创新区生态对于营造创新活力至关重要。一个健康可持续的生态体系是完全开放的，接纳新鲜事物，适应时代需求，以一种开放包容的姿态迎接每一时期的发展变化。

趋势一：集群化——从分散布局走向邻近集群

创新区的空间组织由原本的散点布局，逐渐向规模化的集群发展，让创新区的使用主体进行地理邻近布局，有助于降低交易成本，加强资源共享，促进形成规模优势，集群化的创新区是城市创新发展的载体支撑。

趋势二：网络化——从孤立个体走向社会网络

网络化组织的创新空间是符合当下发展需求的，在数字化、信息化成为时代发展的主导背景下，连接不同城市的创新区，联动全球创新功能，是各

地城市群、都市圈实现跨越式发展的重要条件。

趋势三：开放化——从封闭发展走向开放式创新

开放的创新区营造的是知识开放、资源集约、交流自由的空间环境，在这样的空间氛围中，创新区的生态体系处于不断的动态更新中，创新区的活力也是长久可持续的。开放化的特征打破了封闭发展的束缚，更新着创新区中的产业方向、企业主体及服务业态，始终保持创新区能够适应不同发展环境的需求。

因此，集群化、网络化、开放化既是创新区的发展趋势，也是创新区能够以不变应万变的基本特质。如图 1-9-1 所示。

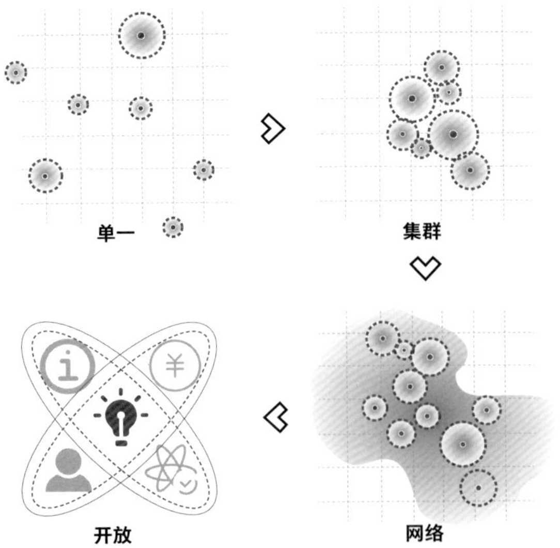

图 1-9-1 创新区发展的三大趋势

1.10 终极目标：在创新区创造更多创新

创新区是城市增长的动力源，无论是孵化型、研发型还是总部型创新区，也无论是科技型还是科学型创新区，创新空间的本质始终围绕产生创新。这里有充足的人才、开放自由的空间、完备的创新中介，以及行业内龙头企业与权威研发机构的鼎力支持，让创新区成为创新的温床。

对于城市发展，创新区可以找到新的发展方向，产生新领域的经济增长；对于产业发展，创新区可以激发新的创新业态、催生新的产业门类；对于企业发展，创新区可以孵化“概念种子”的想法，孕育培养新的初创企业团队；对于人才发展，创新区可以提供多样化的就业机会与人才培养。如图 1-10-1 所示。

图 1-10-1 如何激发创新

第 2 章 | 五维一体的营造

2.1 高密度的混合
2.2 高频度的交流
2.3 高感性的场景
2.4 高层级的业态
2.5 高敏捷的体验

让创新看得见
让创新即发生

在今天，产业的发展不再只以效率论英雄，随着时代的进步，衡量产业进步的标准逐渐变为创新的发生。因此，“让创新看得见，让创新即发生”就是我们设计创新区的核心理念。那么我们如何实现“让创新看得见，让创新即发生”这一目标呢？答案是“以人为本”。

创新区与传统的产业园区最大的区别，就是以人为本。以人为本的设计理念旨在为人提供一个舒适的工作、生活环境。在这个令人舒适的创新环境中，人的创造力、行动力也会增强，大大促进了创新的发生。作为空间营造师，我们的使命就是让创新在空间上能够显性表达出来，探索空间创新的营造方法，就是深度研究以人为本的空间需求。

如今的年轻人，和他们的父辈有很大的差别，他们认为工作不只是为了生存，更是为了生活。因此，他们拒绝无聊的、枯燥的工作环境，他们追求有趣的生活方式，尽管这可能面临更高的生活成本，但是他们更注重精神上的富足。所以，想要留住新一代的年轻人，我们应该做些什么呢？我们要为他们营造积极的社交氛围，提供有趣的工作环境，使区域文化富有社会责任感，多设置非正式的交流空间，提供弹性的、开放的工作方式。年轻人还希望在工作中得到成长，而不是仅关注短期的薪资待遇，这意味着，如果城市和公司能够用心培养年轻人，给他们建议、机会与规划，那注定会吸引更多年轻人。

新一代的年轻人，他们拒绝过长的通勤时间，他们更希望住在邻近工作地点的地方，这就要求城市中的产业功能与居住功能混合。年轻人们通常喜欢下班以后可以直接去健身、去跳舞，或者约着朋友一起小酌、逛街，这是他们的生活方式，这又对城市功能与产业功能的混合提出了更高的要求，即产业功能与城市功能高度混合，形成功能高度复合的地块。满足年轻人的诉求，也有助于城市更好地利用并发展自身的优势，形成城市特色。

目前，有相当大的一部分年轻人独居，长时间的独处容易让人抑郁，因此，一些交流空间和活动在他们的日常生活中变得极其重要，他们可以碰撞新的想法，结识新的朋友。城市中最主要的交流空间，就是公园与开放街区。我们可以着重打造城市公园体系与开放街区的环境，建立城市公园体系，满足年轻人对交流的需求。

如今的年轻人热衷探索新鲜事物，他们讨厌千篇一律，他们热衷旅行，希望感受不同地域的风貌与特色，重复的高楼、乏味的格子间会让他们失去在这里工作生活的兴趣。所以，为创新区打造富有记忆点与温度的场景，是未来创新区成功的关键。富有区域气质的地标、彰显地方文化与历史的建筑、让人感受到社会关怀的场所……这些都是一个创新区不可替代的特色空间，帮助创新区在人们心中树立起自己独特的形象。

对于那些想要创业的年轻人，创新区也应为他们提供良好的创业环境与帮助。在创新区的设计中，不仅应该考虑最基本的生活业态和最基础的产业业态，更要增加创新业态的引入，创新区不仅应该为他们提供创业孵化器、共享办公空间、展示与路演设施等这些硬件上的支持，也应该为他们提供行业咨询、法律服务、科创金融等服务类的支持，这样才能更好地帮助年轻人成长、成功。

现在的年轻人，追求简约、高效、智慧的生活方式，他们讨厌冗杂和无用的反复，这就要求创新区在各个维度上联通。一个四通八达的交通体系，可以增强年轻人出行的便捷度；打造步行友好的街区，会增加年轻人的幸福感，创新区内完善的交通网络是实现年轻人高效生活的基础。随着科技的发展，智慧的生活方式在渐渐地融入我们的生活，创新区更应该最先引入多种智慧场景、智慧应用，这些都能够持续地吸引年轻人。

因此，“让创新看得见，让创新即发生”是创新区空间营造的核心，我们将通过高密度的混合、高频度的交流、高感性的场景、高层级的业态及高敏捷的体验五个维度，展开对创新空间的具体营造。

让创新看得见

让创新即发生

高密度的混合

2.1 高密度的混合

产城 / 企业 / 空间 / 开发的四维高密混合

高密度混合的 X 项原则

2.1.1 产城融合：构建产与城的互促交融

1. 构建城市功能与产业功能的闭环大融合
2. 关联功能的邻近布局匹配城市空间协调发展
3. 搭建产与城完善的大小功能融合
4. 寻求功能关系的空间图解

2.1.2 企业混合：包含不同成长阶段的企业混合模式

1. 认清不同成长阶段的企业需求
2. 制定不同成长阶段的空间形式

2.1.3 空间混合：营造多元化的空间混合模式

2.1.4 开发混合：基于城市公共服务设施的空间集约混合开发(XOD)

小结

城市中的混合“1+1 ＞ 2”

当我们谈混合的时候，我们在谈什么

发挥城市优势的混合——产城融合

今天，提到上海，人们首先想到的是繁华的外滩、高楼林立的陆家嘴，然而追溯上海的历史，松江才是“上海之根”。

历史上的松江经济发达，文化灿烂，这里有孕育上海的母亲河吴淞江，有历史韵味深厚的广富林遗址，这里水系密布，水网纵横，城市空间有着江南本底的韵味；这里有七大高校，15 万名师生，到处洋溢着青春活力，是聚集生机的地方，这里有欢乐谷、佘山度假区、植物园，是上海游憩的后花园；这里也是制造业发达的 G60 科创走廊的起点，高耸入云的 G60 科创云廊昭示着松江科创发展的新面貌。然而，时代的竞争是激烈的，面向复杂多变的国际环境，上海提出了新的发展目标：建设具有世界影响力的社会主义现代化国际大都市，松江作为上海发展的重要一员，在长三角一体化的机遇下，内外双循环的发展背景下，也要向更高目标、更高要求迈进。

尽管松江在自然环境、产业基础及人文本底方面具有一定的优势，但在面向构建独立的综合性节点城市这个目标维度上面，还需进一步提升，其面临的关键挑战就是城市空间与产业发展的融合问题。强大的学科资源背后显现的是知识转化与产业发展的不融合。七大高校包括东华大学、上海工程技术大学、上海外国语大学、华东政法大学、上海对外经贸大学、上海立信会计金融学院和上海视觉艺术学院，这些高校主导强势学科以服务业为主，符合上海中心城区发展需求的产业门类，但对于松江当前产业的基础来讲，学科优势难以释放。知识转化对产业本底基础的断层，不仅导致松江的科创发展难以下沉，也加剧了其对主城的依赖，居民生活与工作的两地化带来的钟摆效应，更让松江的城市各项服务设施及土地使用效率大大降低。产与城的融合，是松江实现独立的综合性节点城市目标需要首要解决的关键问题。

任何城市想要稳健发展，产城融合是必不可少的条件。融合发展是有多层次的，大到宏观维度的城市层面融合，小到地块的产业与生活的业态融合，都属于产城融合的范畴。从城市融合的角度来讲，我们需要挖掘城市的本底特色和发现城市在区域中的比较优势，以特色与优势作为依托，探索城市的发展方向，构建产业发展与城市功能互补的闭环，从而实现产业经济成果扎根本地，推动城市的产城融合。对于一个片区来讲，产与城的融合更多指的是功能板块的协调化发展。一个城市的高等科教组团通常与研发组团离得很近，因为这两个功能主体之间可以人才互通，设施共享，实现资源的高效利用。比如：苏州工业园中以苏州大学为首的研发片区，深圳湾中深圳大学带动的区域高新片区，新加坡国立大学的纬壹科技城片区等，都是以这样的产城融合经典模式来发展。对于一个科技园区来讲，满足园区的产业服务与生活服务是实现产城融合的重要途径。享誉全球的生物医药高地波士顿肯德尔广场，其发展的四次规划改造历程，每一次都是对其生活服务设施的完善，从最初的底层商业设置，到公寓的职住平衡，再到广场开敞空间的增加，最后引入滨河景观。肯德尔广场也由一个原本只有实验室、研究所、办公空间的单一园区转变成一个既有生活又有趣味的创新天地。

城市中多样的混合是创新的开始

那么在我们做到了产城融合之后，就能够一劳永逸了吗？当然不是。城市的构成是复杂的、多样的。产城融合只是一个重要基础，还有更多元素的混合需要我们去关注。

比如不同发展阶段企业的混合能够推动区域内创新的产生，也更加符合科创赋能的大环境，小企业得到成长，大企业得到完善。不同空间形式的混合避免千城一面的现象，打造城市场景多样性的同时，也更加符合区域在功能上的需求；集约化的开发造就土地的混合、功能的混合，最大化利用城市资源，增添区域活力……

总而言之，未来城市的发展离不开高密度的混合，这里的混合大到产城融合，小到一块地、一个建筑的功能混合，甚至我们可以脱离空间维度，去谈文化的混合。然而不论在哪个维度，这些混合的宗旨都是让城市能够拥有更好的未来。

2.1.1 产城融合：构建产与城的互促交融

产城融合是城市遵循自身生长规律，实现城市可持续发展的重要维度。产城融合巩固了城市原本的产业基础，基于城市的优势资源发展城市，塑造城市的独特性，增加城市特色与竞争力，使城市能更好地顺应时代的变迁与发展，为市民提供丰富、有特色的城市活动，满足市民的物质与精神需求。

什么是产城融合呢？其实不难理解。它的本质是城市原本的优势资源奠定了城市产业基础，产业发展后对城市的城市功能提出要求，城市功能的发展又来反哺产业功能，实现产业功能与城市功能互促的闭环。另外，产城融合要求城市具有健全的产业与城市功能体系，粗犷的产业城与单一的生活城都不是产城融合。如图 2-1-1 所示。

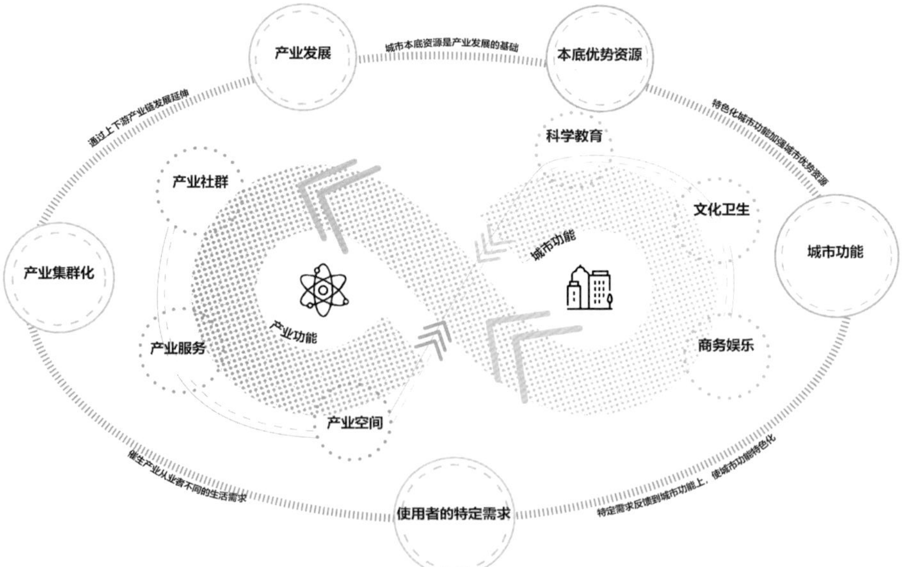

图 2-1-1 产城融合大闭环

案例解读

上海市北高新城市设计

项目说明：本项目位于中环与南北高架交汇处，设计范围 3.31 平方千米。业主为上海市北高新（集团）有限公司。项目旨在对整个片区进行整体转型升级，将老旧工业厂区与零星散落的新开发地块进行统筹规划设计，使片区更好地融入城市现代化发展。

实践应用：设计通过打造“连接之环”来连接整个片区不同功能组团，达到联动老旧遗址与新开发建设地块的目的，激活区域发展要素，从价值、活力、文化等多个维度对片区空间进行梳理，进而促进片区实现产业升级与转型，焕发片区活力，重塑片区在新时代下的城市定位，加快片区产城融合进程。

1. 构建城市功能与产业功能的闭环大融合

产城融合的基础源于各项城市功能的相互协调，城市本底的优势资源条件是奠定产业发展的基础，产业发展又通过产业链的上下游延伸形成集群化发展模式，集群化的规模产业通常具有社群、空间及服务等的特定需求特征，通过与城市中的科教、文卫、商娱等职能再进行相互支撑，各色的城市功能为产业功能增加品质与多元化体验，让城市变得不仅有扎实的产业基础，同时又有特色多彩的生活品质，最终形成产业功能与城市功能的闭环融合。

2. 关联功能的邻近布局匹配城市空间协调发展

将具有关联作用的功能组团就近布局，大大强化功能组团间的交流合作与互促共融，同时在城市空间上实现集约土地、高效交通、人口疏解、服务均衡的效用，优化了功能与土地的协调布局。如图 2-1-2 所示。

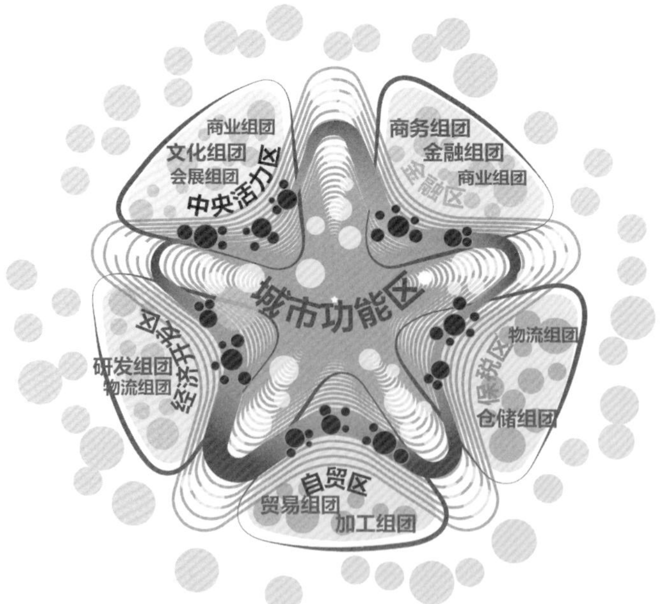

图 2-1-2 城市功能组团布局

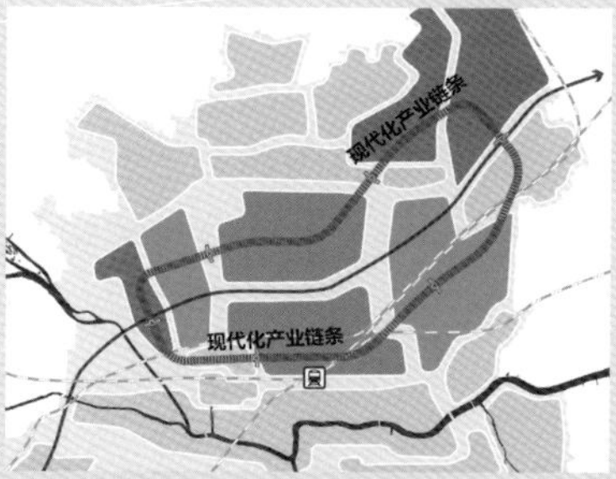

案例解读

上海松江产城融合战略研究

项目说明：本项目位于上海市松江区，主要研究范围为松江新城东西两翼产业地区。业主为上海市松江区规划和自然资源局、上海国际招标有限公司。项目旨在解决松江目前城市割裂问题，将松江建设成为上海的综合性节点城市，助力上海迈向全球城市。

实践应用：规划从松江战略层面入手，借鉴国际经验，剖析松江建设综合性节点城市的水平分工与垂直分工，梳理联络各空间板块的相互关联关系，以“合作链、融合层、活力网、创新圈”四大战略，构建松江产城大融合，解决松江新城科创链下沉问题，衔接创新链与产业链，实现松江产城功能的在地化循环。

3. 搭建产与城完善的大小功能融合

产城功能体系包含面向城市全域的城市功能类型与面向局部地区的功能类型。二者在组成与职能方面存在差异，城市功能类型兼顾的是城市整体发展的功能需求，局部功能类型是面向局部地区的小范围功能需求。

产城大功能融合：面向城市全域的功能类型

产城大功能是衡量一个城市是否具备成为综合性独立城市的标准，一个功能健全的城市应该具备科教文卫商等各类型城市功能，也包含开发区、高新区、保税区、金融区等产业功能，共同形成满足城市持续发展的功能体系。如图 2-1-3 所示。

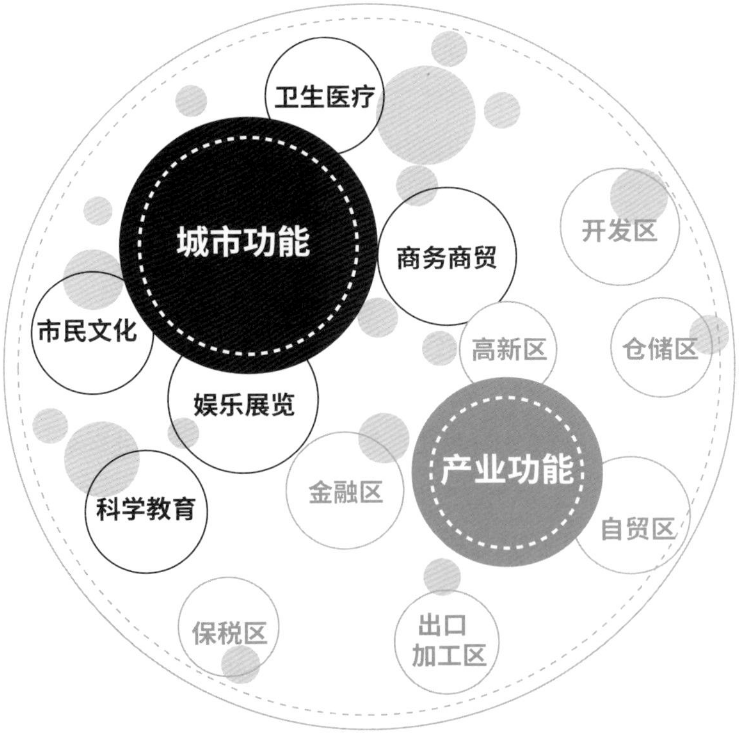

图 2-1-3 产城大功能融合

产城小功能融合

面向局部片区的功能类型：产城小功能是基于局部片区或园区规模的功能服务，满足所在片区的产、职、住、服。如图 2-1-4 所示。

产业功能：总部商务、研发办公、培训交流、会议论坛、展示发布、接待中心、中试实验、孵化培育、风险投资……

城市功能：餐饮零售、居住酒店、休闲娱乐、文化教育、体育健康……如图 2-1-5 所示。

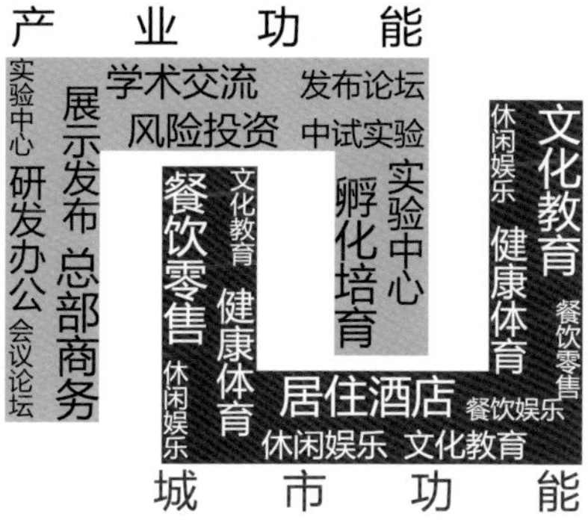

图 2-1-4 产城小功能融合

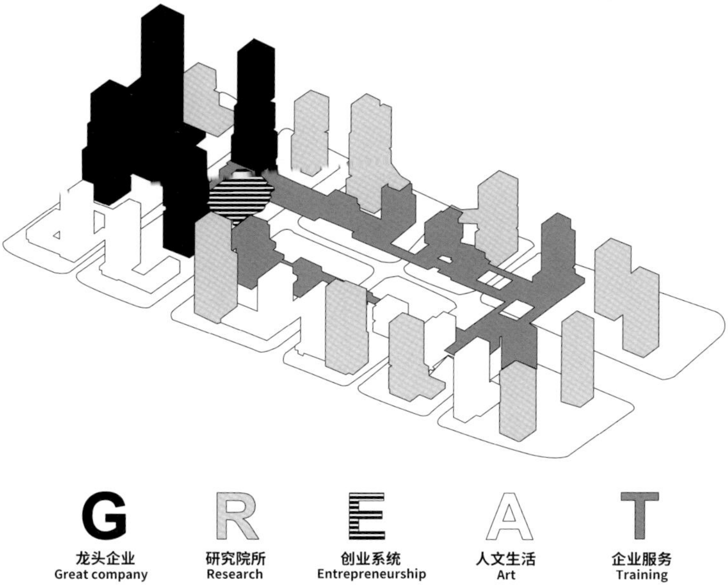

图 2-1-5 FTA 创新区“GREAT”法则

4. 寻求功能关系的空间图解

基于局部片区的产城功能因其服务范围小，人群相对稳定，主导功能固定性强，较易以使用主体为出发点，探讨局部片区功能关系的空间图解。我们将创新区的主体划分为五种：科研院所、企业集群、风险投资、创新中介和科技人才，并基于这五大主体相互之间的功能关系，搭建创新区的行为联系图谱。

我们将创新区五大使用主体的行为按照与外界关联度分为三种：独立行为、弱关联行为、强关联行为。独立行为是发生频率最低的行为，发生在创新区内较为封闭、私密性强的空间，包括科研院所的科研培训、行业论坛，总部企业的投资决策与战略管理等。弱关联行为发生的频率一般，它发生在联系不是十分紧密的两个主体之间，是服务型行为，包括风险投资的融资集资、金融基金，创新中介的法律咨询与行业培训等。强关联行为是发生频率最高的行为，这些行为一般与创新企业直接相关。诸如孵化器的产业配套、文娱餐饮类的生活配套是完全开放的、创新区内所有主体可达的，因此强关联行为时常发生，包括创新企业的团队组建、发布展示等。如图 2-1-6 所示。

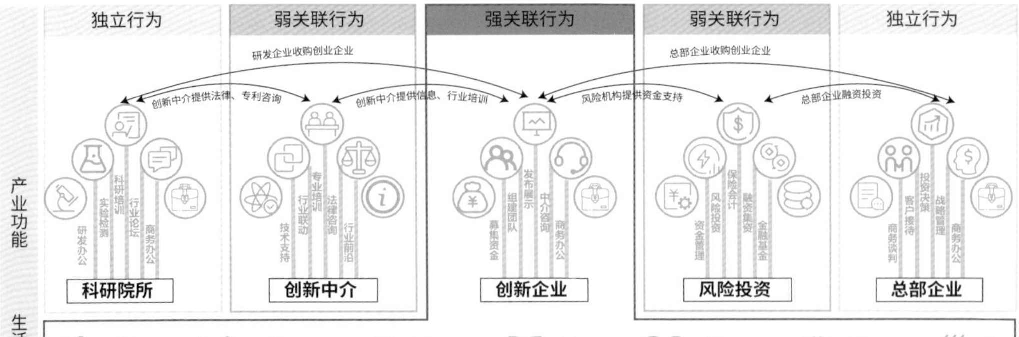

图 2-1-6 创新区行为主体关系图解

案例解读

苏州人工智能园

项目说明：本项目位于金鸡湖大道北侧，吴淞江南侧，园区占地 0.15 平方千米，总规划建筑面积 42.84 万平方米。业主为苏州工业园区科技发展有限公司。项目旨在探索现代园区发展新模式，作为科技载体的创新综合体既承担城市经济、科技文化发展的历史责任，也提供多元的服务功能。

实践应用：设计通过设置办公集群、综合服务、展示体验、服务配套等功能打造多元化产业生态，使园区的功能利用从 8 小时工作时间延伸至 24 小时，从而形成全时活力的多元社区。在整体结构上，以“一心、两带、三轴、六院”为基础架构，办公空间、交流空间、休憩空间相互渗透，融合办公、休闲、社交、生活等多种功能。

创新区主导使用者

科研院所：指大学、研究机构、科学装置、专科研究院等。

企业集群：指龙头企业、中小企业、初创企业等。

风险投资：指天使投资、风险投资、私募基金等。

创新中介：指产学研转化机构、产权保护机构、公共技术平台等。

科技人才：指接受高等教育的知识型人才。

基于功能关系的创新生态雨林

如果将创新区比作生态雨林，那么创新区中的各个使用主体则是处于不同圈层的植物。总部型企业因为需要独立私密的办公空间，因此其处在独立的乔木层。风投机构与创新中介为龙头企业与初创团队提供联系与服务，处在中间的灌木层。孵化器、路演中心、餐饮娱乐等产业、生活服务设施完全开放，使用频繁，处在地表层。它们共同构建成高低错落的生态雨林。如图 2-1-7 所示。

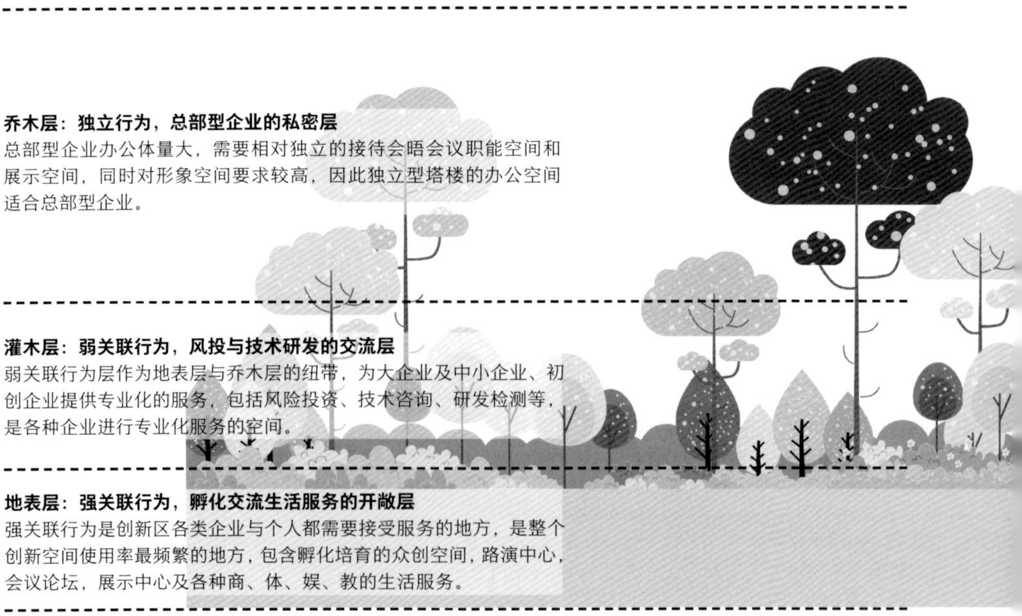

图 2-1-7 创新区“生态雨林”

案例解读

长三角 G60 科创之眼

项目说明：本项目位于上海松江，毗邻 G60 科创云廊，设计范围 0.73 平方千米。业主为上海长三角 G60 科创经济发展集团有限公司。项目旨在打造产业集聚、形象创新与文化共生的综合性区域，通过产业生态的构建实现从“世界最长”到“世界最强”。

实践应用：设计着重探讨“生态、共享、科技与活力”的科创场景，科创区域既包括大型的企业总部，也有小尺度的研发创新中心，以此来更好地促进产业生态的孵化。构筑领军企业、研发机构、创业成长、赋能平台共生共建的科创产业生态，多种层次的产业集群得以健康生长，实现“科创之眼，化茧成蝶”的理念。

依托功能地理邻近性的创新区空间布局

规划将功能关系转译到空间语言上，依据每个使用主体的功能需求，组织空间关系，将独立行为型的企业布局在外围高层，利于企业形象展示，满足企业客户接待及大体量办公需求；将弱关联行为中的风投企业、金融法律

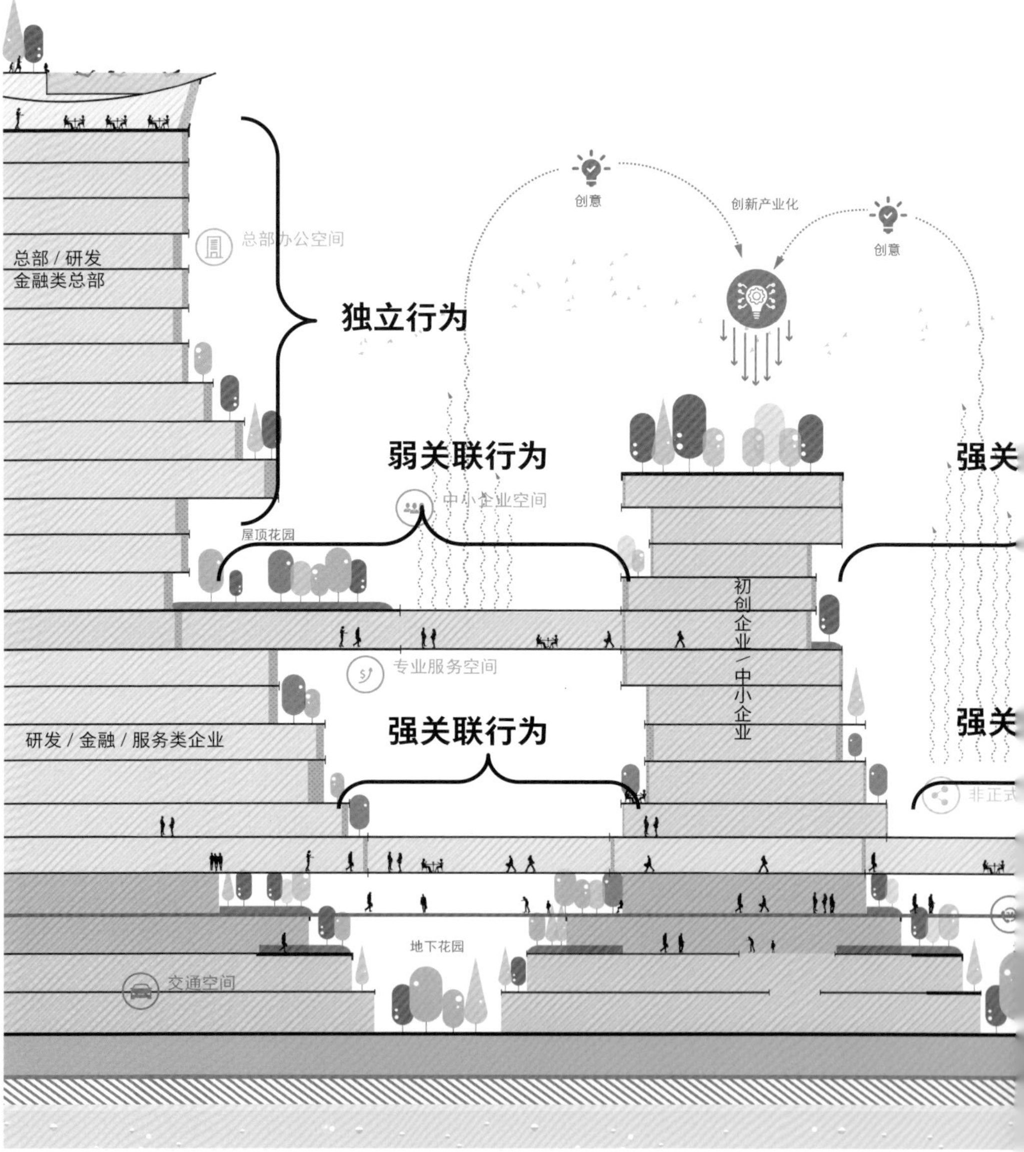

图 2-1-8 创新区剖面空间关系图解

服务企业布局在外围低层，既能服务龙头类企业，也与研发企业及中小企业形成交流层；将强关联的中小微企业的创业活动布局中央，形成空间的活力池，通过高频率使用的论坛、会议、展演等功能，给予创业企业充分的被挖掘机会。如图 2-1-8 所示。

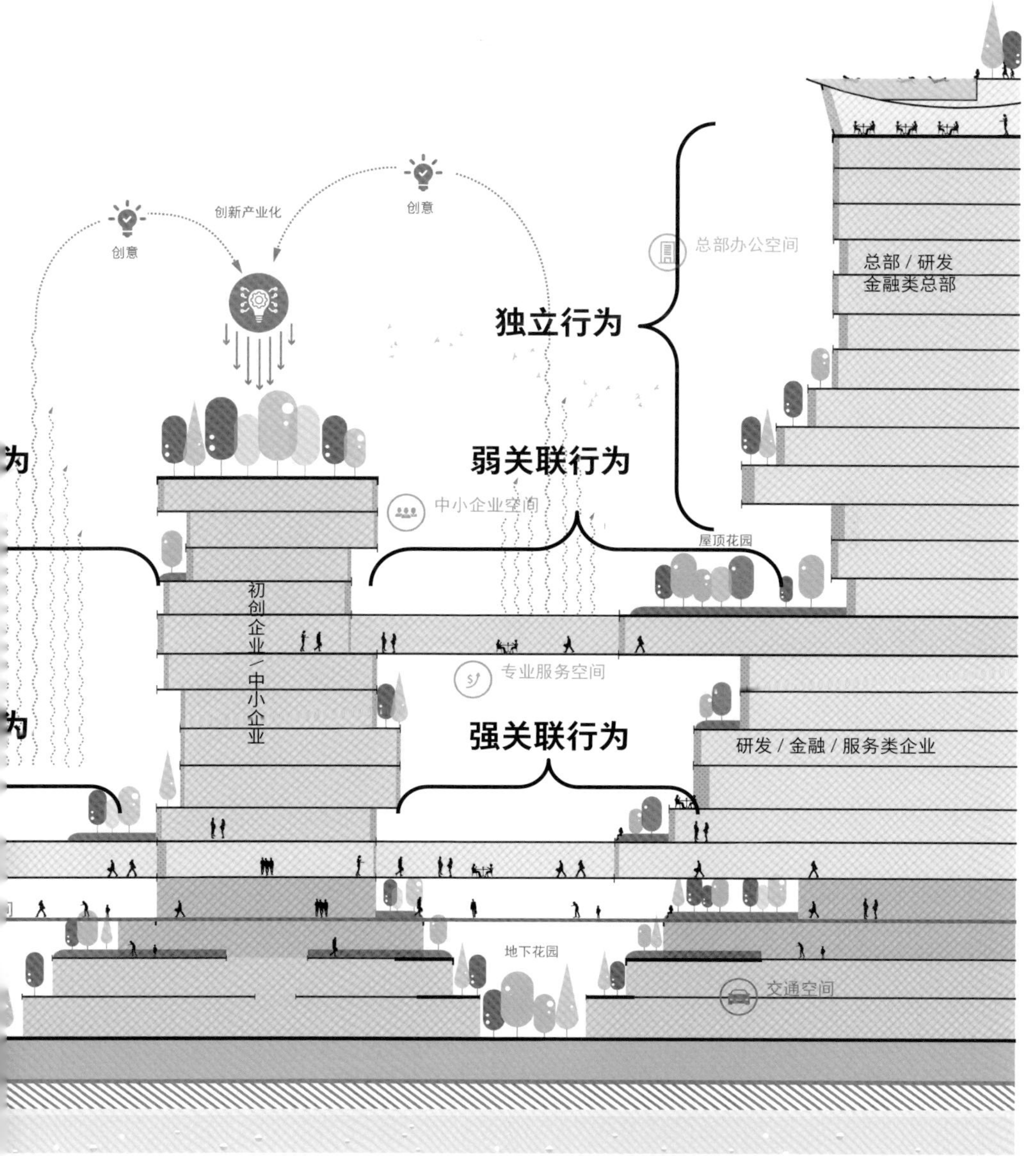

2.1.2　企业混合：包含不同成长阶段的企业混合模式

创新区的核心特征是不断催生新的创新，通过创新生态的搭建，将企业成长阶段分为种子期、初创期、成长期和成熟期。不同阶段的企业由于自身需求的不同，从而引起空间的差异化特征。如图 2-1-9 所示。

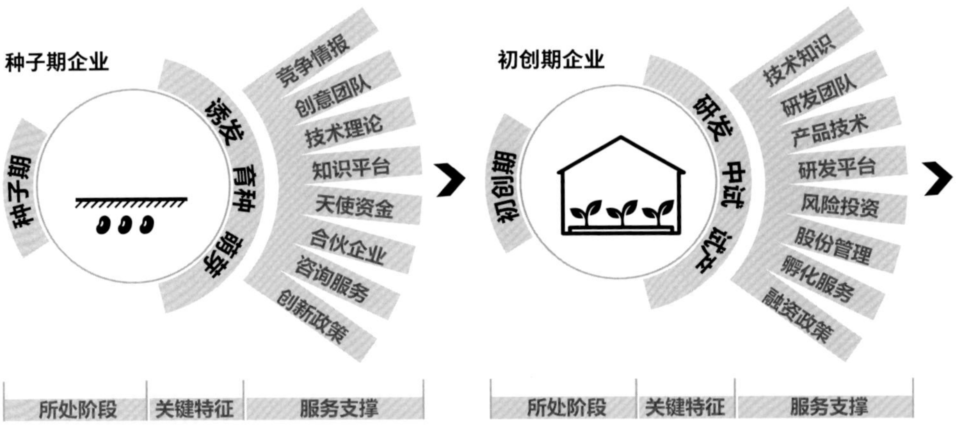

种子期特征：以激发创意想法，培育、萌发为主导的阶段，寻求创意团队、知识平台、天使资金及创业指导培训等的阶段。

空间需求特征：创新学院、知识产权保护、科技中介机构、众创空间等。

初创期特征：以研发、中试、试产为主导的阶段，寻求技术知识、研发团队、风险投资及孵化服务等的阶段。

空间需求特征：孵化器、路演中心、培训机构、检验检测机构、公共技术平台等。

图 2-1-9 创新区内企业的类型

1. 认清不同成长阶段的企业需求

种子期企业刚刚发展，主要培育创意想法，需要众创空间与创业方面的指导。初创期企业初步尝试将想法转换为成果，需要技术的支持、孵化器及公共技术平台。成长期企业需要完善并推广自己的成果，需要更加专业的研发中心、展示中心与市场平台。成熟期企业以持续盈利和转型为下一阶段的目标，这时的企业形象也至关重要，需要总部办公、接待中心、体验店等。

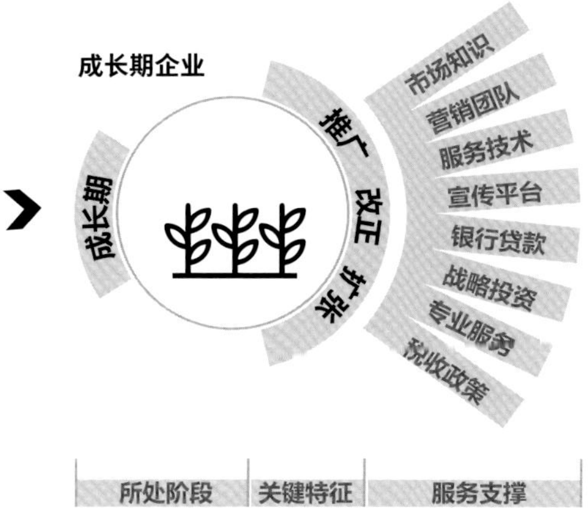

成长期特征： 以推广、改正、扩张为主导的阶段，寻求市场渠道、营销团队、战略投资及专业服务等的阶段。

空间需求特征： 研发办公、产品发布中心、体验店、展示中心、交流论坛等。

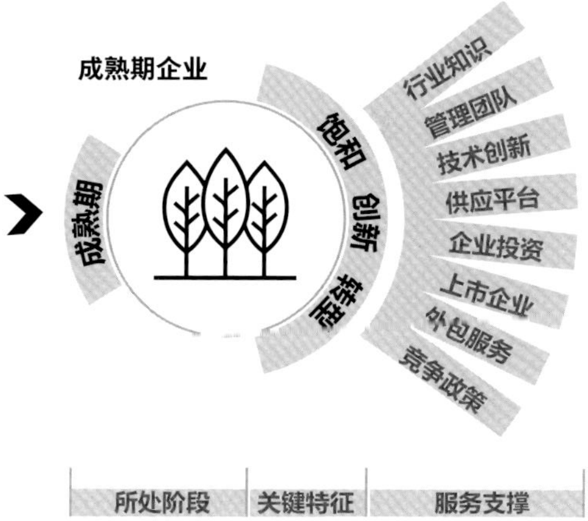

成熟期特征： 以创新、转型为主导的阶段，寻求管理团队、供应平台及外包服务等的阶段。

空间需求特征： 总部办公、接待中心、会议论坛、产品发布中心、体验店等。

案例解读

深圳光明科学城天安云谷

项目说明：本项目位于深圳光明区，毗邻中山大学、深圳理工大学，靠近中心城区，设计范围 2.2 平方千米。业主为深圳天安骏业投资发展（集团）有限公司。项目旨在打造成为片区现代服务东北门户、科教融合第一空间、解决“成果转化最后 1 千米”的地方。

实践应用：规划将天安云谷定位为深圳面向粤港澳大湾区的超级孵化器，将汇集种子期、初创期、成长期、成熟期全链条创业企业，项目深挖每一时期企业的发展特征及空间需求，为全周期企业提供所需产业载体，助力企业发展，形成良好的企业生态。

2. 制定不同成长阶段的空间形式

不同阶段的企业需求不同，种子期的企业刚刚起步，员工数量少、资金短缺，小型办公场地最适合它们。处于成长期和扩张期的企业需要积累资本，人员扩充迅速，因此小高层办公产品更适合它们。成熟期和稳定期的企业资金充裕，开始追求更加舒适、优美、私密的办公环境，因此独栋产品更加适合它们。超大型企业既注重企业私密性，又要满足大量工位需求，因此高层办公产品最适合它们。如图 2-1-10 所示。

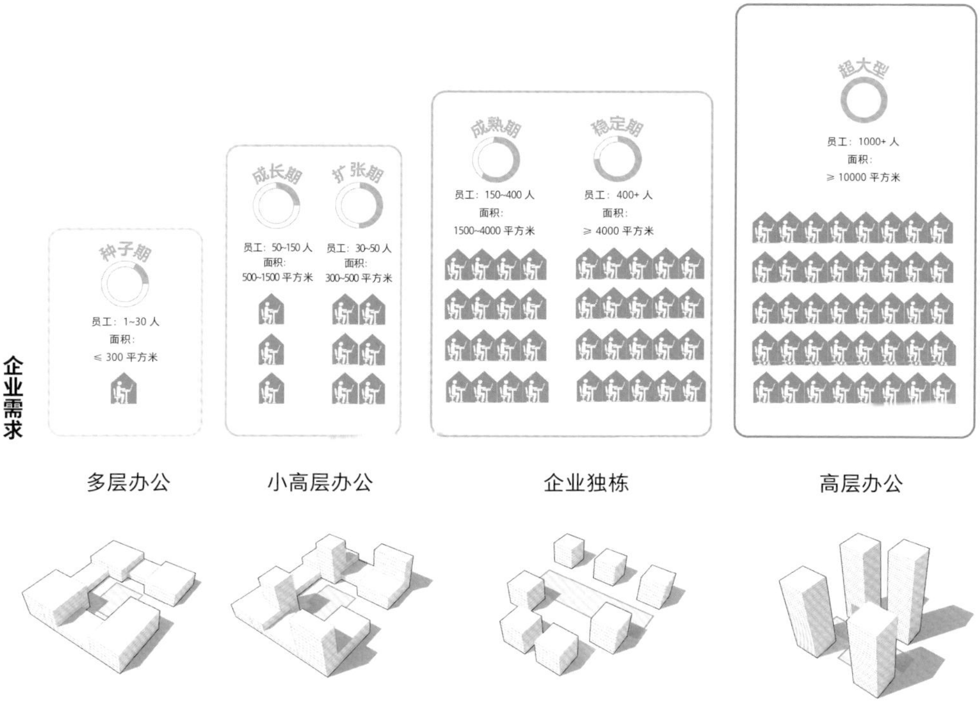

产品需求

种子期企业的员工数量一般在 1～30 人之间，所需的办公面积不超过 300 平方米，办公产品需求为多层办公。

初创期企业的员工数量一般在 30～150 人之间，所需的办公面积在 300～1500 平方米，办公产品需求为小高层办公。

成长期企业的员工数量一般在 150～400 人之间，所需的办公面积在 1500～4000 平方米，办公产品需求为企业独栋办公。

成熟期企业的员工数量一般在 1000 人以上，所需的办公面积在 10000 平方米以上，办公产品需求为高层办公。

图 2-1-10 不同企业的空间需求

2.1.3 空间混合：营造多元化的空间混合模式

在不同地缘环境下，创新区应该因地制宜地组织空间形态。城市中心的创新区多采用高密模式，产业集聚区的创新区选取多层组团模式，特色风貌区的创新区布局小镇院落模式，城市边缘生态区的创新区采用自然生态模式，因此不同创新区其空间模式呈现多元化。另外，同一个创新区内由于承担功能的不同，因此也可能采用不同的空间模式组织。这保障了创新区与环境的深度融合。

不同在地环境下的空间组织模式

CBD 高密模式

一般产生于城市核心区位，具有开发强度高、建筑密度与高度均为城市较高水平的特点，往往靠近城市的中心区，具备商务型创新区特征，以龙头企业与大型企业为主要使用主体，建筑形式表现为高层塔楼，底层空间连廊体系发达，如图 2-1-11 所示，如西雅图南湖联合区、深圳光明科学城天安云谷。

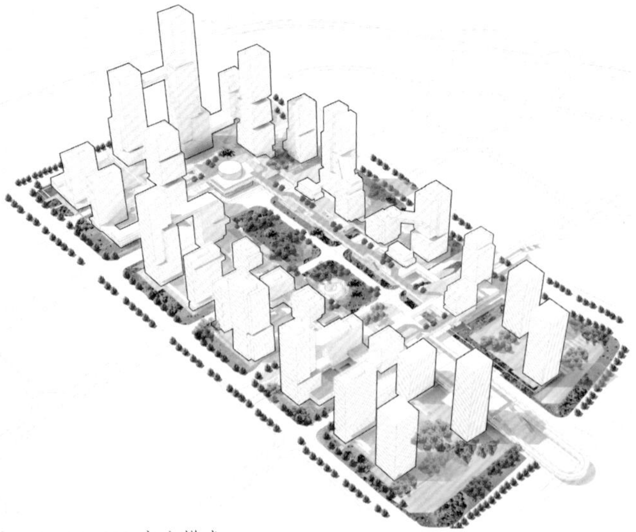

图 2-1-11 CBD 高密模式

案例解读

上海半岛 1919

项目说明：本项目位于上海宝山区，蕰藻浜北侧，占地面积 0.047 平方千米，建筑面积 17.3 万平方米。业主为星海地产。项目旨在带领上海宝山工业文化从百年遗存走向科创生态绿谷的标杆，构建半岛 1919 科创绿谷标志性载体，打造区域核心，促进城市更新，成为上海工业转型标杆项目。

实践应用：规划延续半岛 1919 特有的工业历史文化，沿蕴藻浜设计以水为介、行云流水的沿河办公空间，与水系产生呼应，融入蕴藻浜 10 千米城市滨水休闲带。项目同时体现了科创与文创的复合性，探讨了历史风貌区——半岛 1919 特有的工业历史文化的保存和延续，探讨了居住密集区平衡园区建设与城市社区生活圈的打造，探讨了滨河沿岸区园区、城市、生态空间的紧密结合。设计从城市内部打开，通向滨河空间的“健康通廊”，形成了寓教于乐的市民健身广场，以“连接空间点”的概念实现了项目由旧到新的连接与转变。

多层组团模式

一般产生于城市产业集聚区，离中心区有一定距离，以研发型企业为主导，如图 2-1-12 所示，强调空间的开放共享，建筑形式表现为多层，并形成组团式关系，如波士顿肯德尔广场、伦敦国王十字街、上海创智天地。

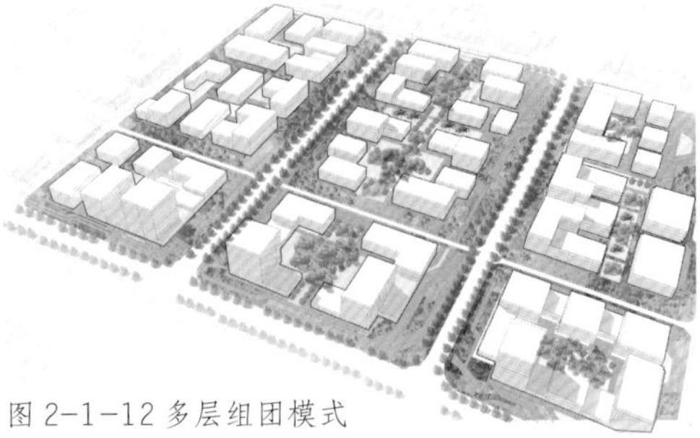

图 2-1-12 多层组团模式

小镇院落模式

一般产生于城市特色风貌区，有一定文化底蕴的片区，建筑形式以小镇特征呈现，以底层或多层坡屋顶或其他显著地域特征的建筑形式为主，可以融入现代风格，建筑风格顺应片区整体风貌，如图 2-1-13 所示，如杭州梦想小镇。

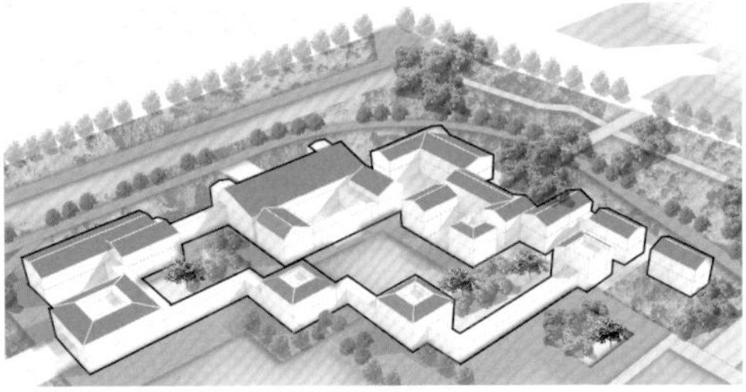

图 2-1-13 小镇院落模式

生态自然模式

一般产生于城市生态边缘区，自然环境优美，空间布局以散落的形式与自然相互交织，建筑以低密度为主，如图 2-1-14 所示。

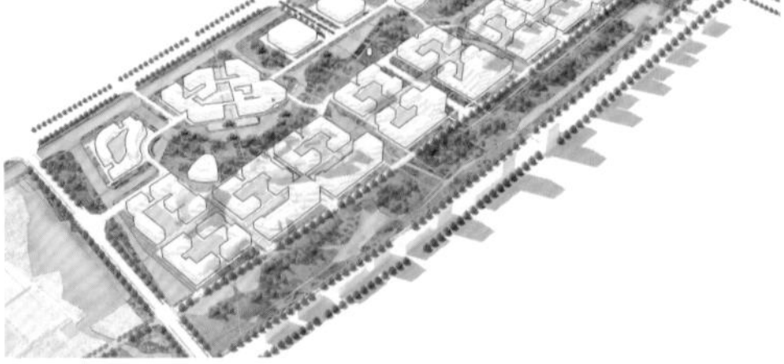

图 2-1-14 生态自然模式

案例解读

常州金坛长荡湖
河海大学科技园

项目说明：本项目位于金坛南部长荡湖旅游度假区，规划范围 0.68 平方千米。业主为长荡湖旅游度假区管委会。项目旨在推动河海大学高校科研成果转化，促进产学研联动发展。

实践应用：规划为充分保留与展现基地的本底自然特征，顺应原有村庄路网与村落格局，保留现有水道河流，形成水乡村落的科创聚落，充分塑造了在地环境的生态自然格局。

2.1.4 开发混合：基于城市公共服务设施的空间集约混合开发（XOD）

围绕空间引擎进行集约开发

创新区是城市的人口密集区，规划需要结合重点的空间引擎进行空间开发，包括轨交站点、商业中心、中央公园、步行空间，或是有预期规划导向的开发，形成以引擎带动整个创新区发展的集约开发模式。以活力引擎为中心，在周围布局创新区办公、商业、居住、休闲娱乐等功能，达到功能混合、用地混合的目的，就是开发混合的本质。开发混合为创新区提供动力与能量，它是为创新区引入人流、提高创新区活力、高效组织创新区核心最直接的方式。目前混合开发的手段有四种模式：以公共交通为导向的开发模式（TOD）、以社会服务设施建设为导向的开发模式（SOD）、以生态环境为导向的开发模式（EOD）和以步行空间为导向的开发模式（POD）。

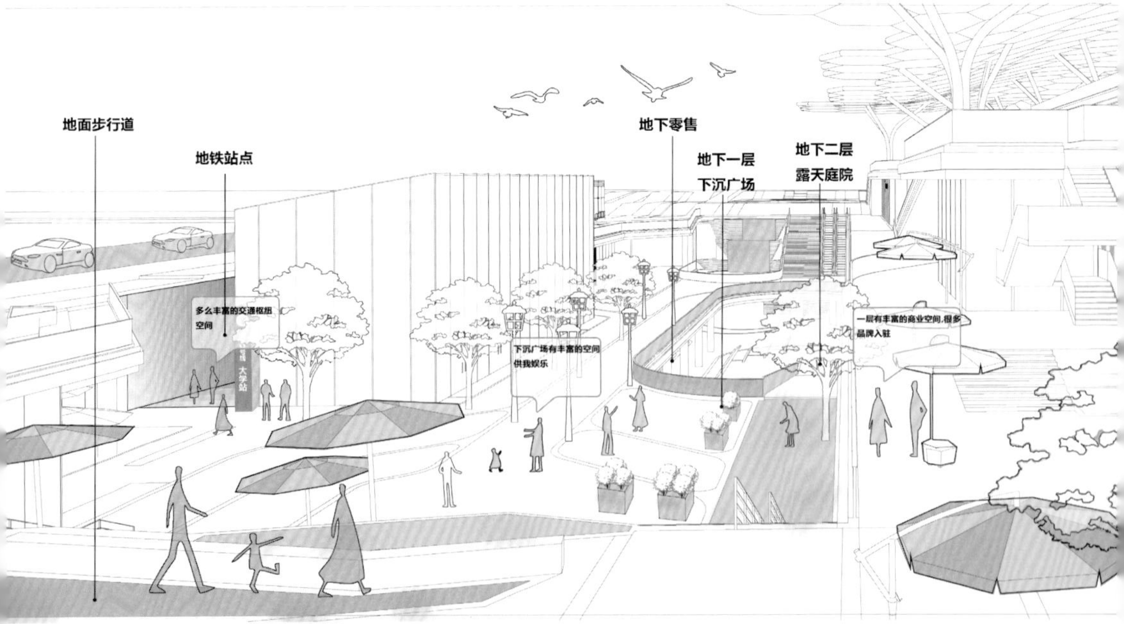

图 2-1-15 TOD 空间场景示意

以公共交通为导向的开发模式（TOD）

通过以公共交通为主导的综合性土地使用规划，促进交通、道路和土地使用三位一体综合开发，以实现各个城市组团紧凑型开发的有机协调模式。站点成为区域人流导入的主要出入口，为强化站点附近的土地高效利用，结合站点布局高密度的商业商务开发，围绕 TOD 站点打造活动目的地。如图 2-1-15—图 2-1-17 所示。

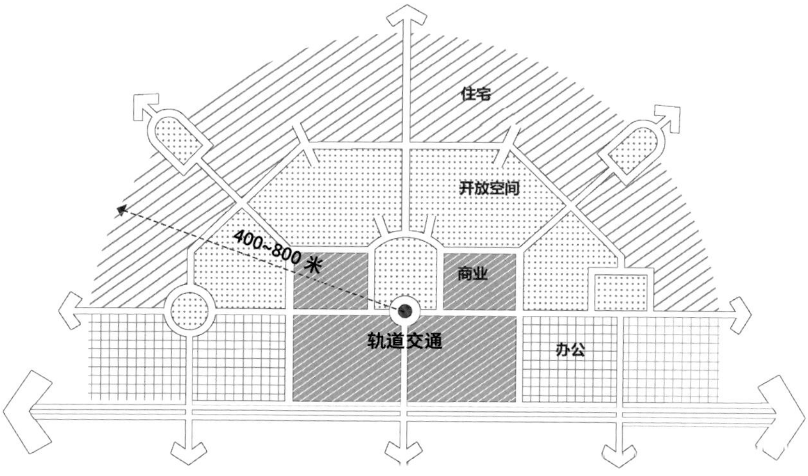

图 2-1-16 TOD 用地功能示意

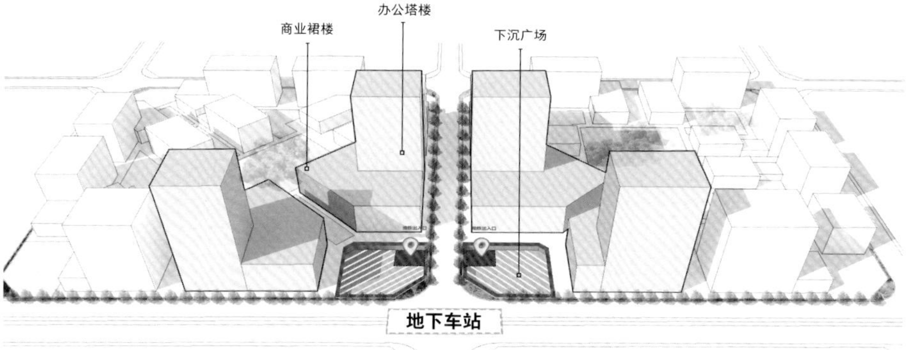

图 2-1-17 TOD 站点空间示意

案例解读

南京中华门地铁站点周边城市设计

项目说明：本项目位于南京市秦淮区－雨花台区，设计范围 0.36 平方千米。业主为南京市规划局。项目旨在锚定文化基因、疏通城市交通、激发城市活力，重新连接千年历史轴线，新造城市 TOD 核心区域，实现城市历史与现代的融会贯通。

实践应用：规划围绕中华门地铁站点设置站台公园、文展商街、室内剧场群、商业综合体等业态，通过商业服务内容的补足与提升，串联秦淮河功能节点，打造南京城市南门户、城市历史文化对外展示及体验的重要窗口，形成文化、商业、创意、历史共生发展的活力枢纽，实现以轨交场站为导向的空间设计。

以社会服务设施建设为导向的开发模式（SOD）

通过以社会服务设施建设引导的开发模式，通常以行政中心、商业中心、娱乐中心等作为功能重点展开空间建设，实现公共服务设施服务效率最大化。如图 2-1-18 所示。

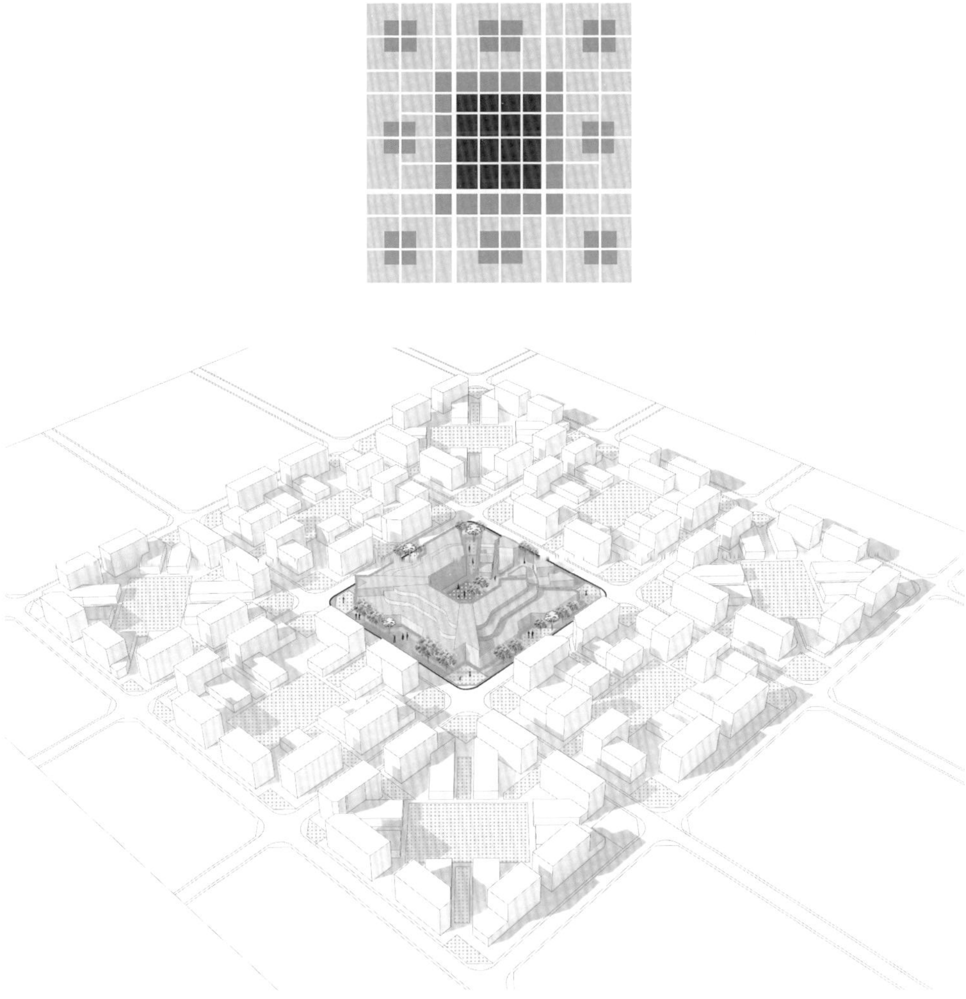

图 2-1-18 SOD 空间开发示意

案例解读

苏州吴中区
东太湖科技金融城

项目说明：本项目位于苏州市吴中区，设计范围 25.98 平方千米，业主为吴中经济技术开发区。项目旨在整合资源，提升科技产业品质，结合自然生态塑造特色空间，着力打造总部经济、研发中心、创意设计、产业孵化、金融服务等产业集聚区，并植入完善的城市配套。

实践应用：项目围绕城市更新，在面向现代化产城融合的发展趋势下，提升公共服务配套职能是金融城进行新一轮更新的重要任务。项目紧紧围绕生态、科技、人文，重新整合功能板块，围绕“4+2”产业体系，构建多个高附加值产业生态系统，通过研发教育、科研科技服务、智慧生活服务及休闲旅游服务，将东太湖科技城变成科技金融的引领区、低碳生态的示范区、战略性新兴产业的集聚区。

以生态环境为导向的开发模式（EOD）

通过开敞生态空间，形成围绕中央公园的空间重点开发模式，大大提升城市空间环境的宜居性。如图 2-1-19 所示。

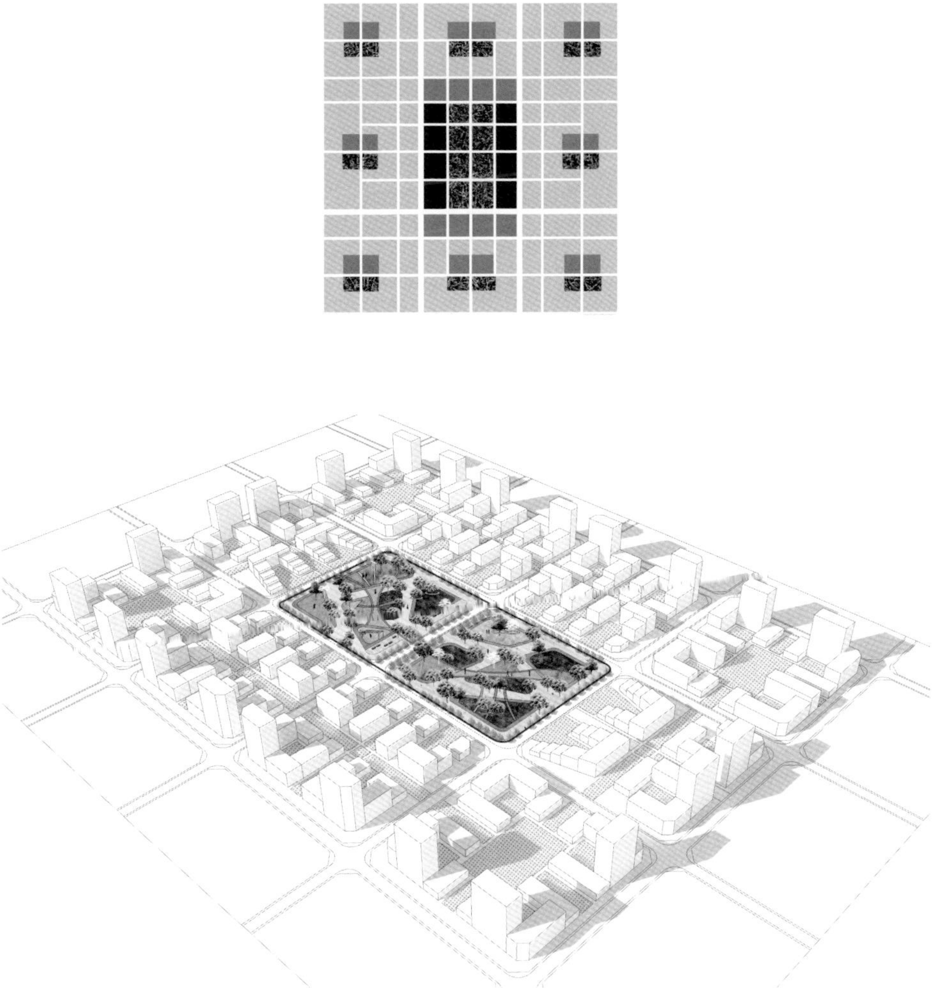

图 2-1-19 EOD 空间开发示意

案例解读

北京昌平科学城小米总部创新区

项目说明：本项目位于北京昌平小米生态链集群，总用地面积 0.39 平方千米。业主为小米科技有限责任公司。项目旨在汇集小米未来工厂、科教创新街区、科技生态部落及米家智能社区四大板块，打造现代化智能园区。

实践应用：为凸显小米生态包容的文化基因，参与城市共创的文化导向，规划共享城市绿地，让小米与南侧办公群体通过中心绿地重构区域中心。小米项目的功能体系围绕绿地依次布局，同时每个功能组团都与绿地交互交织交融，让小米自由包容的成长文化充分体现在空间模式中。

以步行空间为导向的开发模式（POD）

通过以步行空间为导向的开发，让步行空间成为创新区的核心，将重要的空间设施围绕步行空间进行布局。如图 2-1-20 所示。

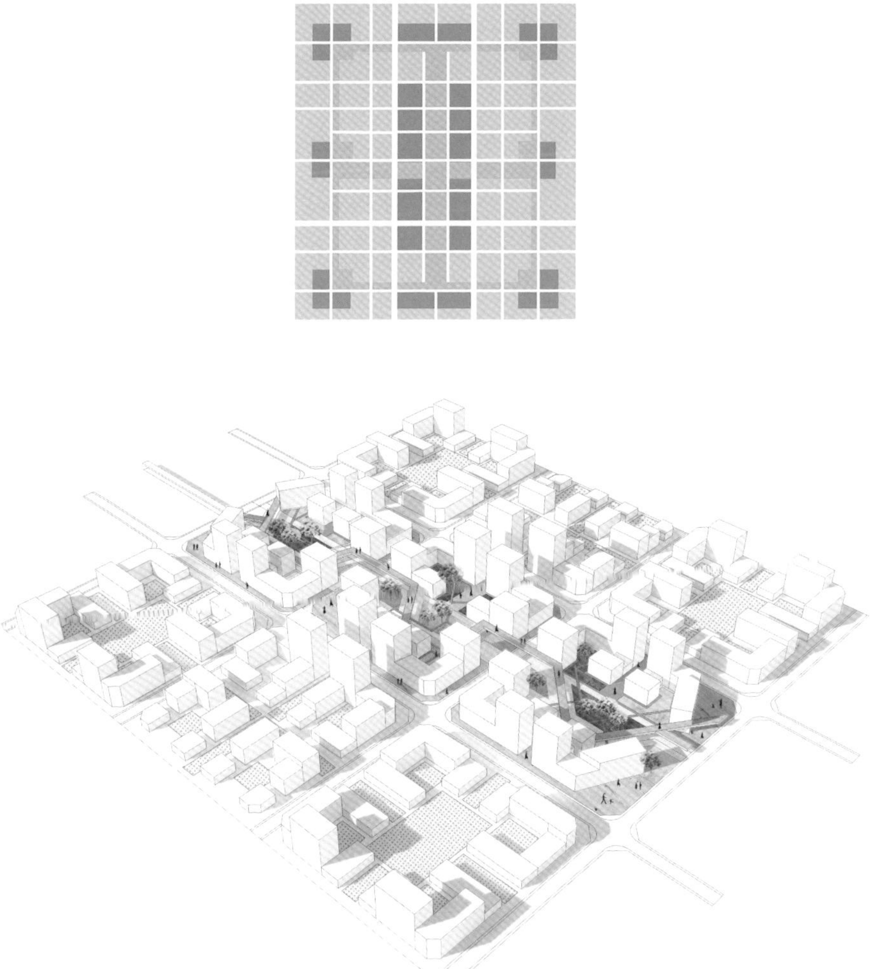

图 2-1-20 POD 空间开发示意

案例解读

上海静安国际科创社区云汇数智中心

项目说明：本项目位于上海市北高新区整体转型战略规划核心地块，建筑面积 13.7 万平方米，业主为上海市北高新（集团）有限公司。项目旨在打造市北区域的地标性建筑群，成为片区进入市北的科创门户，形成强烈的形象昭示作用。

实践应用：为强化高层地标建筑的功能链接，规划营造“科创连廊”，将多个高层办公串联，通过地面人行步道及空间连廊，多层次串联科技主题业态空间，打造引领科技的科创走廊。同时科创连廊将技术与艺术有机结合，形成创新的互动性科技园区新体验。在这段科创走廊上面，有引领科技主体的创新引擎，有体验时光漫步的云廊，还有生活感的街道。

小结

本节重点探讨了如何通过高密度的混合来设计创新区，我们将高密度的混合划分为四个主要维度：产城融合、企业混合、空间混合与开发混合。

在产城融合维度上，利用城市本底资源与核心优势，构建产城大闭环，使创新区对服务的需求能够有效反馈到城市功能上，城市功能又反过来影响创新区的发展。另外，基于城市内健全的产业功能与城市功能体系，创新区才能健康运行。

在企业混合维度上，创新区应该包括种子期、初创期、成长期、成熟期四个阶段的企业，并打造不同空间与产品来匹配不同阶段企业的需求，保证创新区内至少具有 5 %初创企业的动态平衡。

在空间混合维度上，我们提出要因地制宜地设计创新区，考虑创新区所处地缘与创新区内具体功能，选择与片区风貌和创新区功能相符的开发强度与空间模式。因为创新区内不同组团功能情况不同，因此同一创新区可能包含多种空间模式。

在开发混合维度上，我们强调创新区空间引擎对创新区的重要性，围绕轨交站点、中央公园、商业中心、慢行廊道等空间引擎对创新区进行集约开发，最大程度保证创新区的活力。

高密度的混合是我们设计创新区的重要手段，它为产生创新建立了一个良好的环境与氛围。各个维度的混合满足了产生创新的基本要求，为创新的产生提供动能。

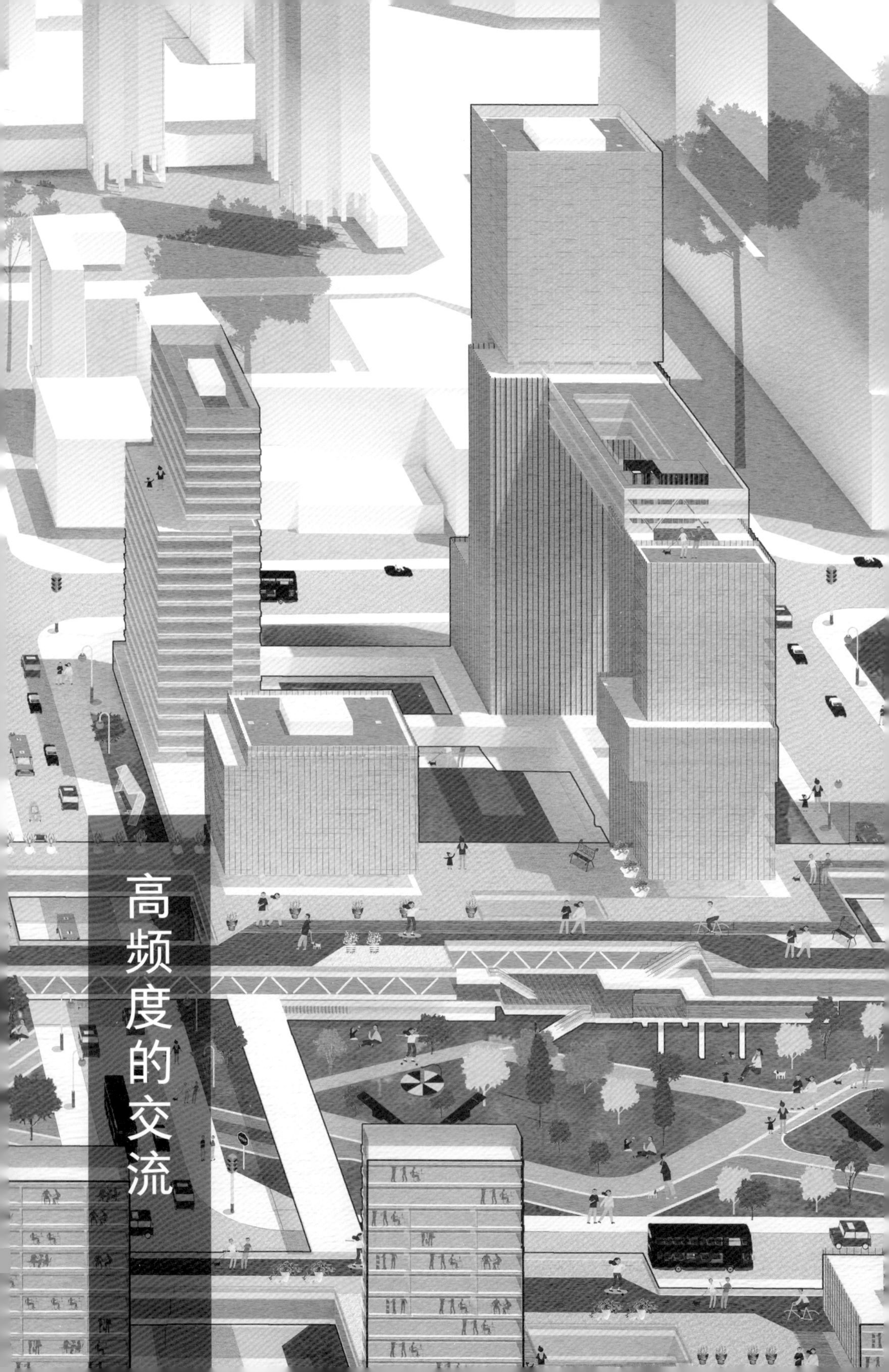

高频度的交流

2.2 高频度的交流

80% 的创新来自非正式的交流 ——麻省理工学院

高频度交流的 X 项原则

2.2.1 连接系统：创造无处不在的联系空间

1. 城市连接
2. 社区连接
3. 组团连接

2.2.2 开放街区：人性化的街区交流空间

1. 快慢分离的九宫格社区
2. 促进交往的超级街区

2.2.3 开敞公园：促进交往的户外开敞空间

1. 公园的特征
2. “公园式”创新区
3. 多层级的公园体系
4. 开敞公园与周边建筑的空间尺度
5. 开敞公园体系详解

小结

“一场争论可能是心灵之间的捷径”

——纪伯伦
（Gibran Kahlil Gibran）

作为创新区的设计者，我们常常在思考，一个成功的创新区最重要的是什么？是精美的建筑？开敞的广场？还是环境优美的公园？当然，这些都不足以成为创新区最重要的内核。我们认为一个成功的创新区，最不可或缺的是产生创新的氛围。

纪伯伦说，一场争论可能是两个心灵之间的捷径。谷歌（Google）应该十分赞同这句话，看看他们对于山景城（Mountain View）总部的设计与营造，简直是对这句话的深刻实践。

最重要的空间存在于耳朵与耳朵之间

如果用一个词来形容谷歌的山景城总部，那一定是“开放”。谷歌信奉把杰出的天才聚集在一起，然后只需等待奇迹发生。所以怎么能把天才聚集到一起呢？谷歌先是与领英置换了土地，这既解决了谷歌总部建设拿地的难题，又让谷歌的新老总部能够联结在一起。这无疑是一个具有创造性又能够双赢的办法，通过新老总部相连的集聚效应，员工之间的连接、交流就会大大增加，沟通的成本降低，思维的碰撞会为谷歌带来一个又一个的新点子。

谷歌也总是强调自己是“站在未来思考未来的趋势会怎样，而不是站在现在想未来”。谷歌确实做到了，他们打造的不仅是只包含各种福利设施的总部园区，而且关注场所中交流的发生。谷歌要求办公的墙体可以基于需要，像家具那样任意移动调整，要求空间有无穷元素可以重新组合，这在无形之中提高了员工们的交流频率。想象一下，原本严肃的办公空间，在休憩时被改变成健身房、茶水间，工作之外的交流就明显增加了。

另外，谷歌提出新总部是一个“步行王国”，对于山景城的新总部，谷歌构想了一个慢行友好的绿色社区，谷歌鼓励员工们绿色出行，采用共享交通。这样的提议不只为环保作出了贡献，也大大提高了街道上交流发生的概率。开放的、步行友好、尺度适宜的街区，让人们能够随时停下脚步，站在街边或是走去街角的咖啡店坐下来，聊一聊工作、生活，新奇的点子就在“闲聊”中产生。

交流，让创新发生

谷歌在以往的产品设计中，就透露出它开放、包容的企业文化，在山景城总部的营造中，谷歌也将这种企业文化延续了下来。在山景城总部的设计中，谷歌将总部对外开放，除了员工，附近的居民甚至游客，都可以来谷歌的总部一探究竟。谷歌新总部致力于成为所有居民的目的地，因此设计师在总部大楼中间开辟了一条对外的通道，方便周边公众自由出入，餐厅、商店也同样对外开放。在建筑外部，谷歌还设计了一种更适于行走的、有人行尺度的产业社区空间，支持公共活动。谷歌的这些做法打破了传统园区的营造思路，同时弱化了园区与城市之间的壁垒，让员工们能够更自由、更随性地在山景城工作、生活。丰富的公共空间为交流增加了场所，同时外部人员的进入又给总部园区提供了新活力。在这个时代，缺乏的不是技术，而是好主意，谁又会知道下一个绝妙的点子出自谁手呢?

在我们看来，谷歌的山景城总部无疑是一个创新区营造的典范。在山景城的营造手法中，我们可以看出谷歌对交流的重视。确实，创新的产生多来自交流，因此，如何保证交流在创新区内发生，成了我们在创新区设计中要思考的重点。

首先，我们要摒弃传统园区的孤立思维模式，去接受“融合”这一理念，构建各个等级的连接系统，真正将创新区融入城市。其次，我们要注重人的感受，打造开放的、多元的街道图景，增加人与人之间碰撞的机会。最后，我们应该打造完善的城市公园体系，公园是城市中重要的开敞空间，公园也是人们活动、交流的主要场所。

80% 的创新产生于交流，正因如此，作为设计创新区的探路者，探寻如何促进交流的发生是我们要解决的重要问题。

2.2.1 连接系统：创造无处不在的联系空间

在创新区体系中，连接系统不可或缺。连接系统将原本孤立的元素串联在一起，形成健全的创新区网络，促进了人与人、区域与区域之间交流的发生。我们认为，应搭建创新区三级连接系统，分别构建城市—创新区之间的城市连接、创新区板块之间的社区连接、创新区内部的组团连接以实现城市—社区—组团之间的无障碍交流与紧密联系，保证交流能够在整个创新区网络中随处发生。如图 2-2-1 所示。

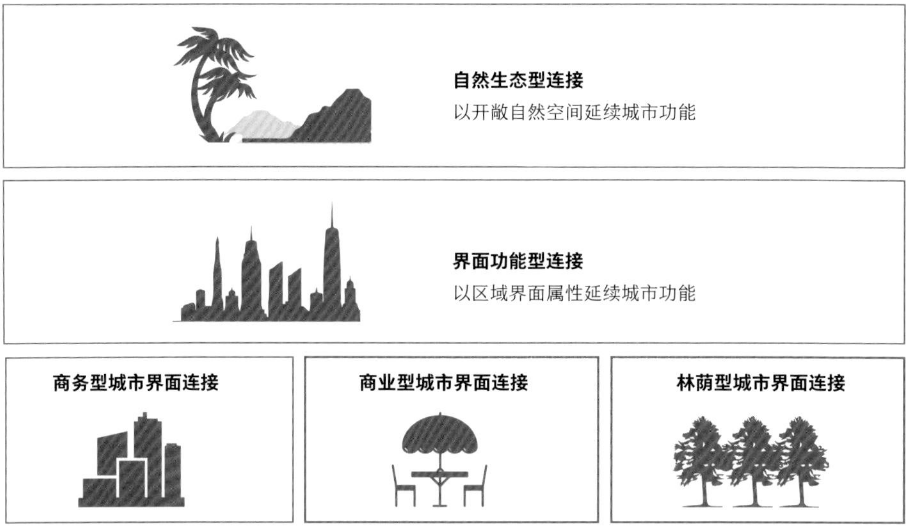

图 2-2-1 不同层级的连接体系

1. 城市连接

创新区是城市功能相辅相成的一部分，融入城市、连接城市是创新区汇聚区域人流，延续城市功能的重要特征，在创新区的营造中，有通过自然生态空间作衔接，也有以界面功能作为衔接，无论哪种形式，都体现了创新区作为城市不可分割的一部分。

自然生态型连接：以开敞自然空间延续城市功能

通过自然空间的延续，形成呼应山水环境的空间格局，通过植入生态活动、文化艺术活动和科教展示功能等，形成公共空间活力带，将城市功能带入创新区。如图 2-2-2 所示。

图 2-2-2 自然空间与城市空间关系示意

界面功能型连接：以区域界面属性延续城市功能

创新区是城市的一部分，通过识别区域的界面属性，延续大片区内的城市功能，让创新区与城市融为一体，融合的方式主要是通过城市的各种界面，包含商务功能界面、商业功能界面和景观功能界面，从而充分融入城市的区域活动体系。

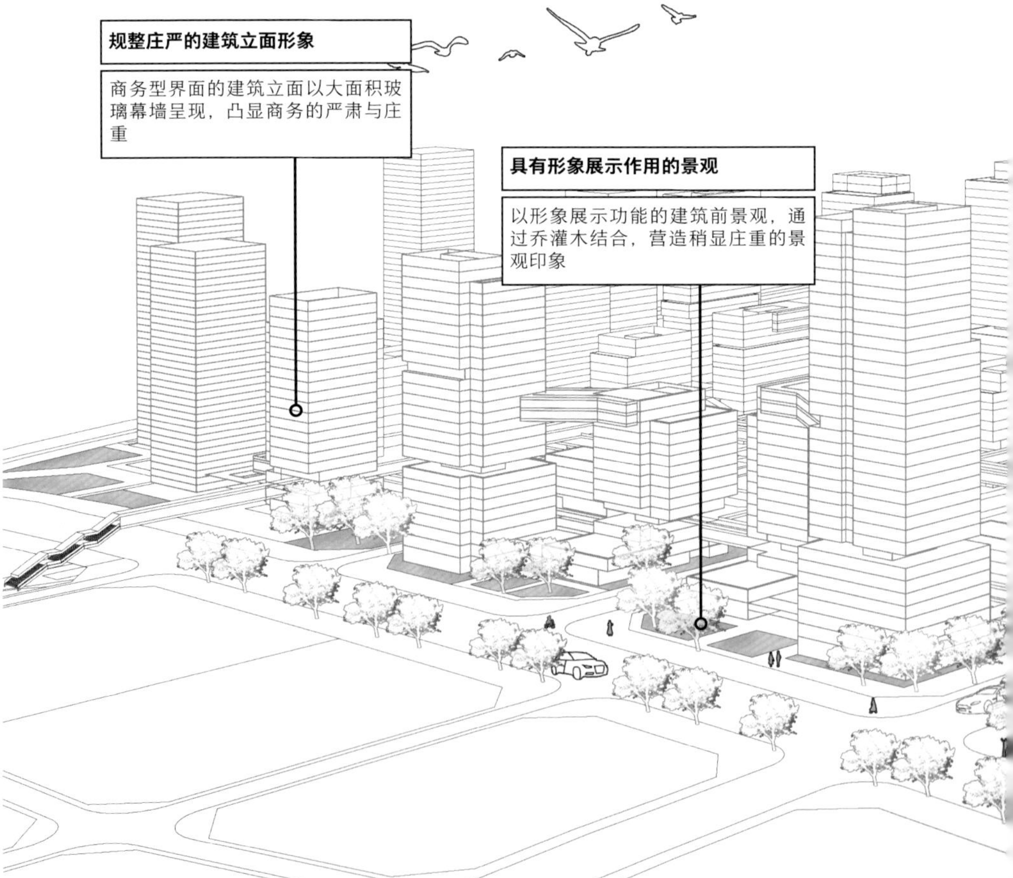

图 2-2-3 商务型城市界面示意

· **商务型城市界面连接**

商务型界面连接城市的商务区，是商务职能集中体现的界面空间，创新区对商务型界面的延续，保障了城市商务形象的完整性与协调性，也为连接城市商务区提供了便利，通过规整庄严的建筑立面，75% 的建筑贴线率，具有形象展示作用的景观及错落有致的底层灰空间，汇集创新区商务功能，形成商务名片，同时也呼应城市商务区。如图 2-2-3 所示。

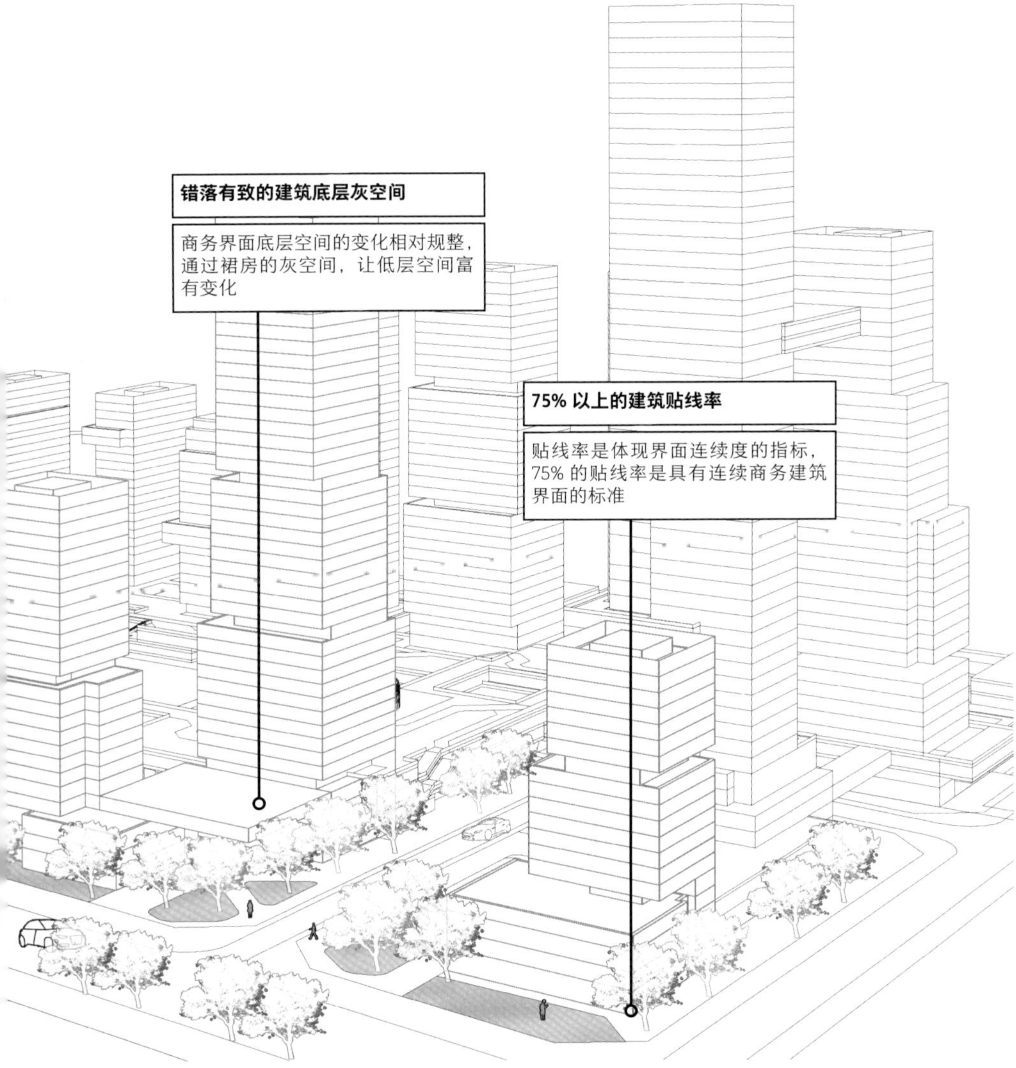

· 林荫型城市界面连接

林荫型城市界面往往延续了城市当中历时多年的林荫树木，或者与城市的自然功能有一定衔接，通过林荫城市界面的延续，不仅延续了城市的街道记忆、生态功能，更让创新区增添了人与自然交互的界面空间，通过设置界面景观、步行道、骑行道，与建筑底层空间连接，形成既有记忆又有活力的界面空间。如图 2-2-4 所示。

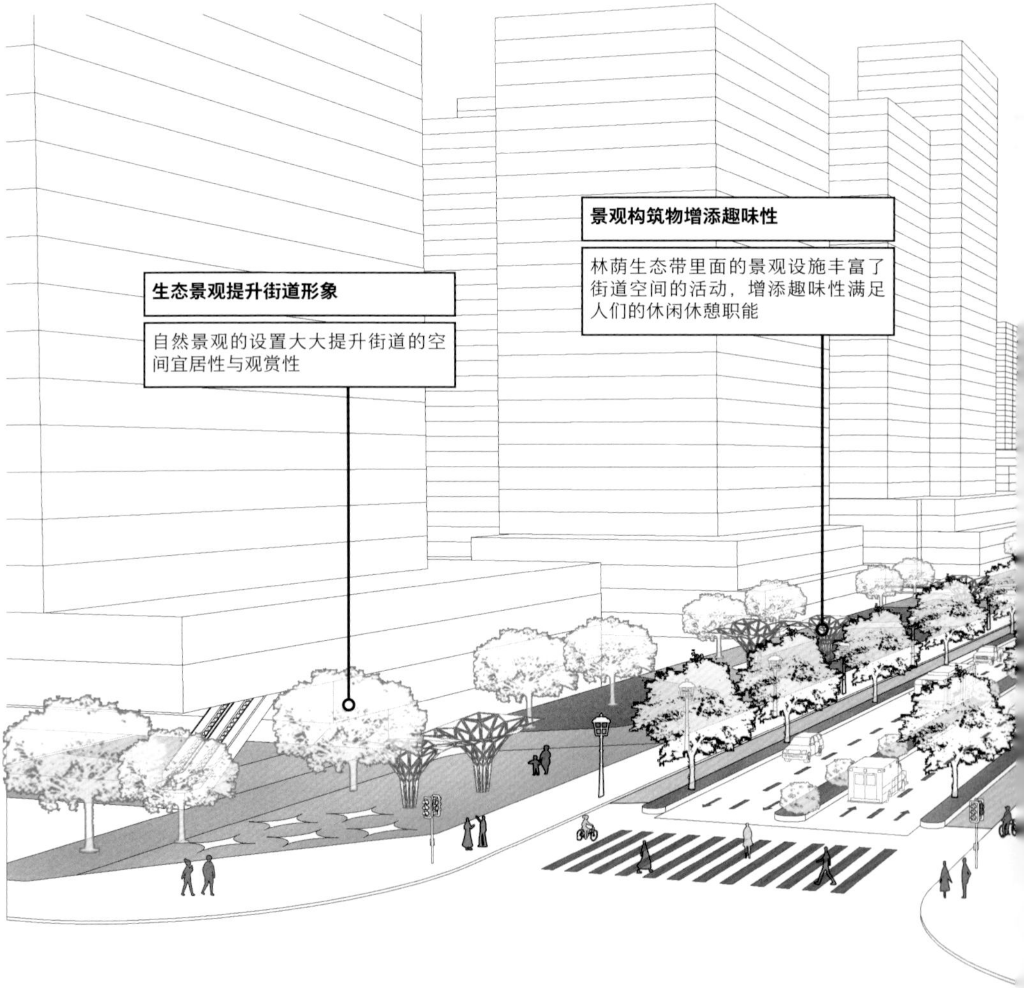

图 2-2-4 林荫型城市界面示意

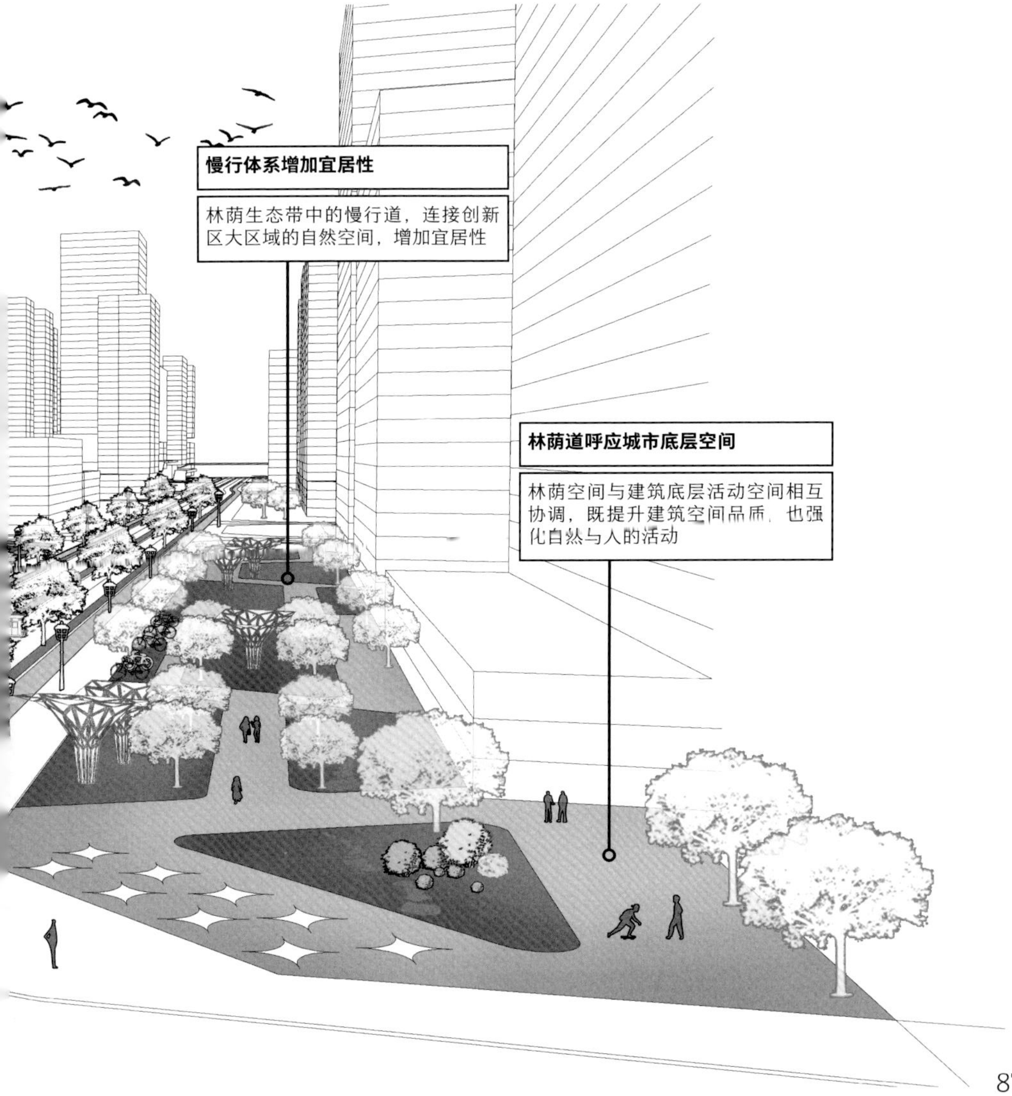
慢行体系增加宜居性
林荫生态带中的慢行道，连接创新区大区域的自然空间，增加宜居性
林荫道呼应城市底层空间
林荫空间与建筑底层活动空间相互协调，既提升建筑空间品质，也强化自然与人的活动

·商业型城市界面连接

商业型界面是城市当中商业活动聚集的界面空间，是人流导入、活动汇聚的热闹街区，创新区延续城市的商业界面，不仅增添活力，导入城市人群，也是创新区与城市进行高密度交互活动的空间，商业空间让创新区与城市的活动融为一体。如图 2-2-5 所示。

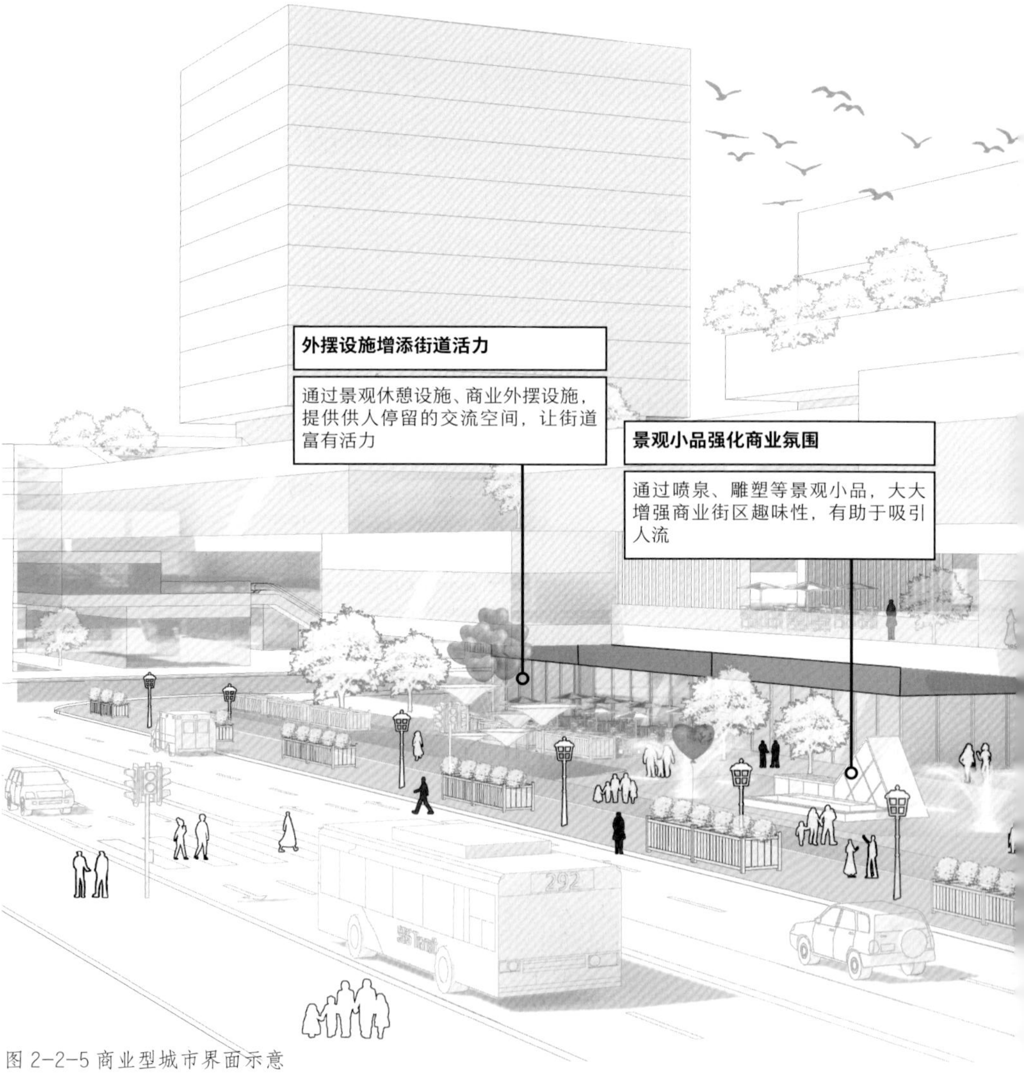

图 2-2-5 商业型城市界面示意

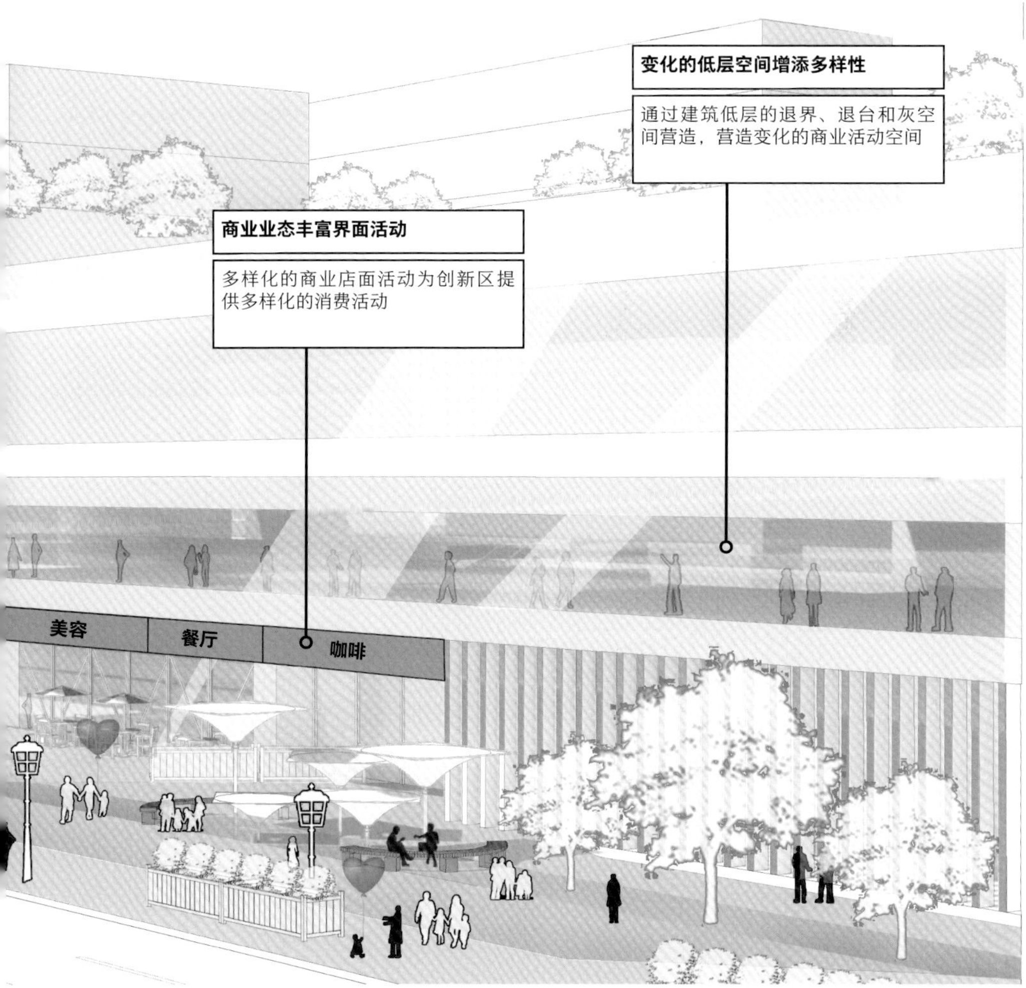
变化的低层空间增添多样性
通过建筑低层的退界、退台和灰空间营造，营造变化的商业活动空间
商业业态丰富界面活动
多样化的商业店面活动为创新区提供多样化的消费活动
美容
餐厅
咖啡

2. 社区连接

环形活动空间连接：以开敞且有公共属性功能的环形带串联社区功能。创新区通过环形的公共活动带，赋予文化、艺术、科技、展示、娱乐等功能，串联各创新区功能板块内容，与开敞空间相结合，形成创新区活力聚集的环形廊道，如图 2-2-6 所示。

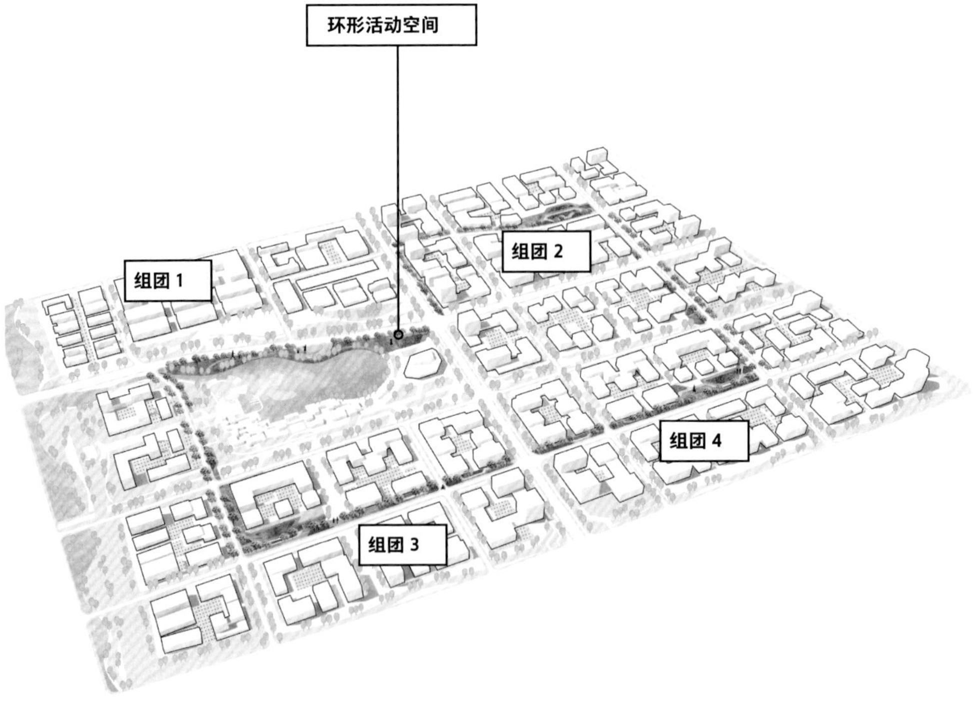

图 2-2-6 环形连接示意

上海紫竹
新兴产业技术研究院二期

项目说明：本项目位于上海市闵行智能医疗创新示范基地核心位置，建筑面积 7.4 万平方米。业主为紫竹高新。项目旨在丰富城市空间，打造完美的医疗产业集群群像。

案例解读

实践应用：规划以环形水系进行空间划分，塑造了大 Ω 的概念，Ω 蕴含着初始、终极和完美之寓意。设计尊重初始的城市设计弧线空间架构，用一条“飘带”串联各科创地块，增加与城市空间的互通互联，与城市进行充分融合。建筑设计以北部的科创高层办公为地标性建筑，将其打造为垂直的科创森林空间。自下而上融合了园区配套商业、综合会议中心，以及科创、办公、空中休憩花园和屋顶花园等功能空间，通过多层次的垂直绿化空间，提升科创办公品质。在局部设计了环绕式的空中花园办公空间，提升整体建筑价值，尽享滨河景观。

3. 组团连接

建筑连廊空间连接：通过相邻建筑的密切连接串联社区功能。相邻建筑中的连廊空间，无论是地上的二层连廊或者是地下通廊，便捷的通道联系为组团之间的交通提供便捷，大大增强了组团交流的可能性，也提高了相邻地块的联系安全，如图 2-2-7 所示。

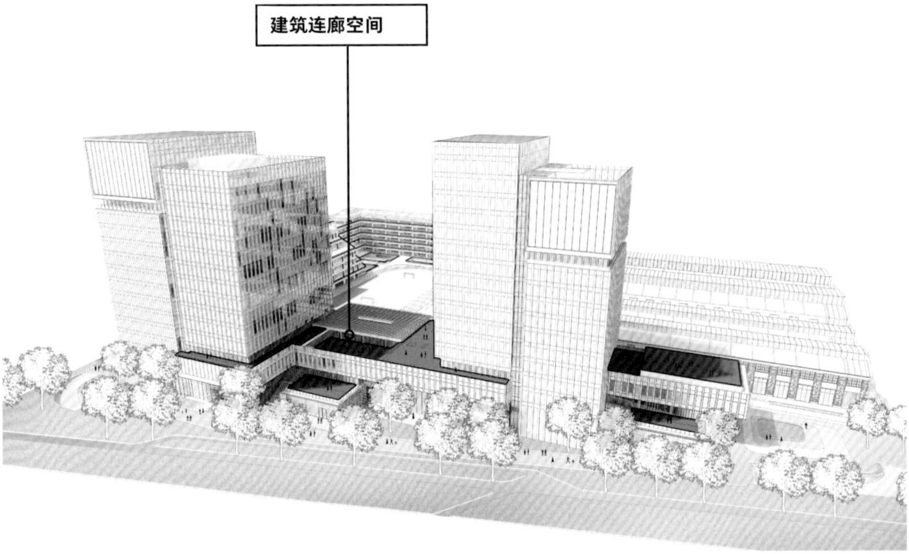

图 2-2-7 建筑连廊示意

案例解读

上海静安国际科创社区
云置大厦

项目说明：本项目位于上海静安国际科创社区，建筑面积 15.1 万平方米。业主为上海市北高新（集团）有限公司。项目旨在打造面向未来、面向新兴产业的科创空间，吸引 5G、人工智能、物联网、大数据等领域科技巨擘。

实践应用：项目致力于打造数字技术和应用示范区，为数字贸易的新一轮高质量发展提供重要支撑。为加强不同企业之间的相互联系及公共服务基础设施的共享效率，云置大厦采用连廊体系，充分利用屋顶平台，加强企业之间的联系效率。云置大厦不仅有健康智能化办公载体，也规划有科普公园、活力广场、乐活社区，全方面满足新一代创意人才的生活方式需求。

2.2.2 开放街区：人性化的街区交流空间

传统街道作为过境交通空间，并不注重场所的营造，人们在街道上匆匆前行、擦肩而过，错失了交流的机会。而开放街区灵活地运用并改造了街道的功能，将街道打造成连续的、可停留的开敞空间，增加了人们“在路上”交流的频率，让交流与交往在创新区中随时随处发生。

1. 快慢分离的九宫格社区

窄街密路的街区尺度

简• 雅各布斯（Jane Jacobs）倡导“小尺度街区”（Small Block）[6]，通过增加街道面积与数量，促进人们见面交往；芦原义信（Yoshinobu Ashihara）认为，让人感受心情舒适的街道距离应不大于 300 米；B. 麦特兰德（Barry Maitland）提出最小的城市结构单元（Minimal Urban Structure）宜为 200 米……创新区的街巷是鼓励开放、交往、交流的公共空间，我们认为街道尺度宜为 150 ～ 250 米。如图 2-2-8 所示。

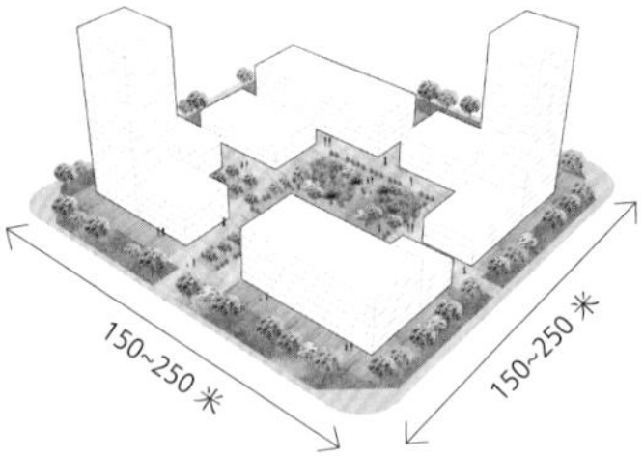

图 2-2-8 街区尺度示意

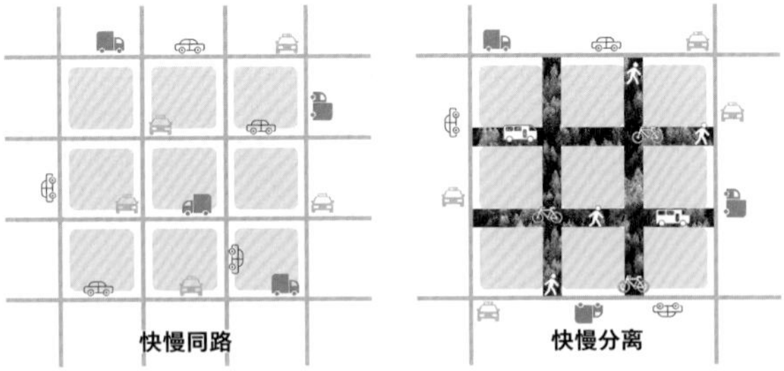

图 2-2-9 快慢交通示意

疏解快慢交通

创新区鼓励慢行交往的社区，我们提出每一个社区都由一个九宫格街巷构成，将快速交通布局在外围，内部以步行、骑行、公共出行为主的交通模式，实现人流车流的有序疏解，保障慢行体验的舒适性。如图 2-2-9 所示。

2. 促进交往的超级街区

超级街区是创新区高密度活力聚集的街区空间，是人们交往、休闲、娱乐、体验的一条综合性街区，拥有 24 小时的活力业态，成为创新区重要的公共活动空间。如图 2-2-10 所示。

图 2-2-10 上海大学路立面示意

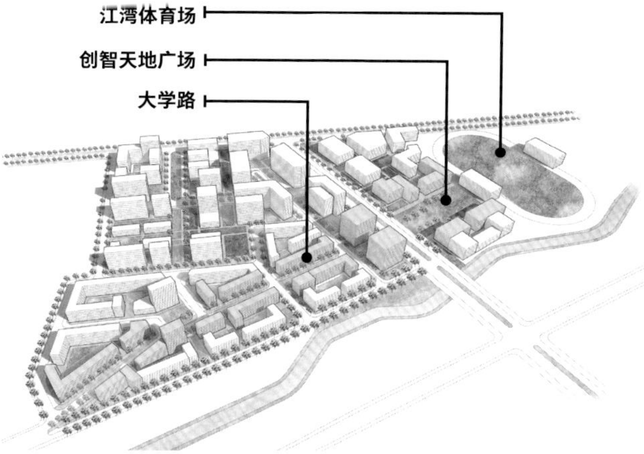

图 2-2-11 上海创智天地空间示意

创智天地堪称上海典型的创新区模板。大学路作为整个创智天地项目当中人流活力最密集的超级街道，其丰富的业态内容、灵活的空间使用、创新的街道管理，成为区域街道空间的楷模。如图 2-2-11 所示。

特征一：创新区内外功能连接的枢纽

超级街区往往是创新区连接城市功能，串联内部功能的枢纽，作为整个片区人群交往进行各种公共活动的活力集聚区。

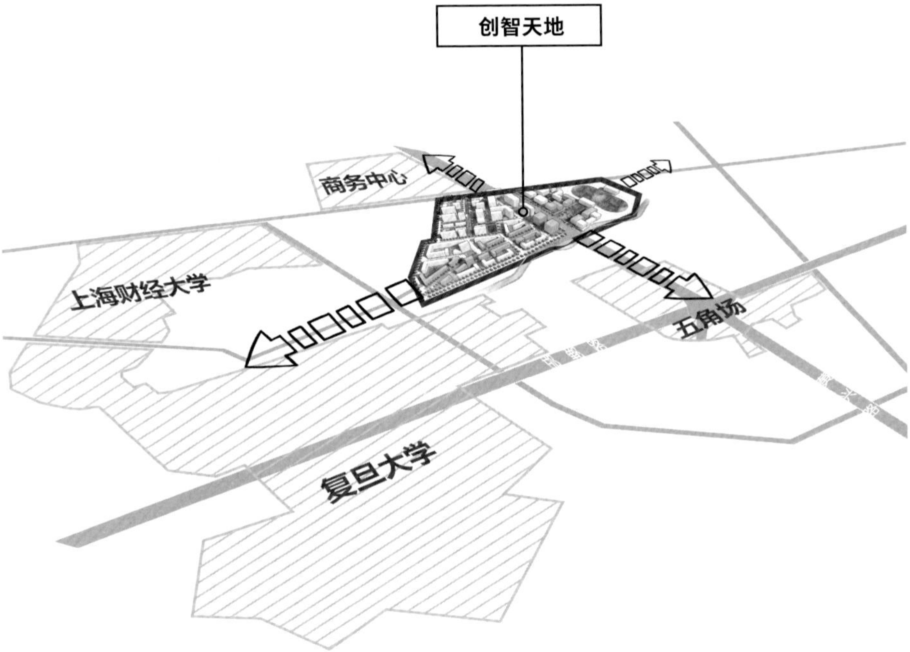

图 2-2-12 上海创智天地的内外连接

创智天地的大学路，成为衔接区域的超级枢纽，街区一端串联复旦大学，导入师生群体，另一端通往百年历史建筑江湾体育场，导入家庭群体，中部联络北面商务区，南面为五角场城市副中心，整个街区与区域具有极强的渗透性。同时，街区在创新区内部也串联了总部区、研发区、居住区及创新作坊的各个功能板块，成为内部连接与外部连接的枢纽。如图 2-2-12 所示。

特征二：灵活多变的功能空间使用

超级街区是集中多种功能活动的街道空间，是商业活动、创业活动、交流活动、娱乐活动的发生场所，多样化的功能使用促使超级街区具有多种灵活的空间功能，因此建筑空间须有较高的功能适应形式。

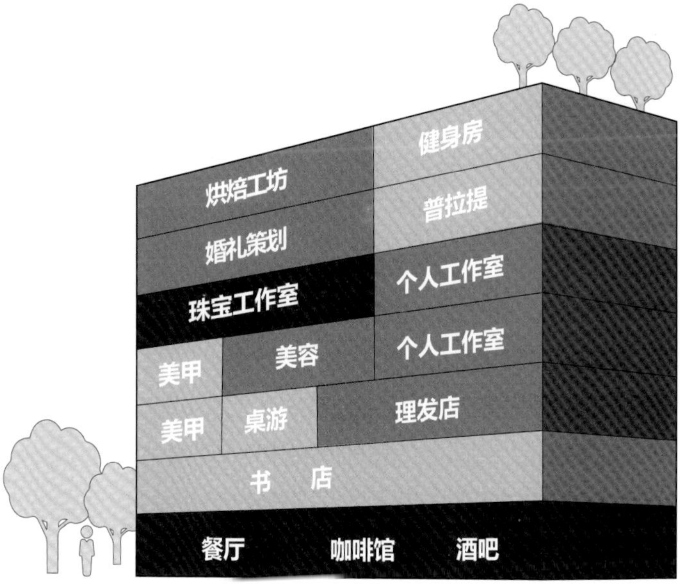

图 2-2-13 上海大学路业态布局

大学路两侧的用地以商住混合的模式兼容多种业态内容。一层空间以零售商业、餐饮酒吧、体验展示为主，二层以上成为各种创业工坊、居住公寓及小型办公的集中空间。在创智天地这个片区，相当多的早期创意想法与创业种子都在大学路这条功能极度复合的空间中产生，这里成为年轻人群初期步入社会的一片乐土。如图 2-2-13 所示。

特征三：开放渗透式的建筑底层空间

超级街区的建筑界面特征表现为界面功能的渗透。开敞的界面设计方式，吸引人群随时步入；通过设置密集连续的人行出入口，不超过 6 米的空白墙，以及占比 50% 以上的玻璃展示橱窗，虚实结合的多样化立面空间，给建筑底层空间赋予灵动性、展示性、体验性。如图 2-2-14 所示。

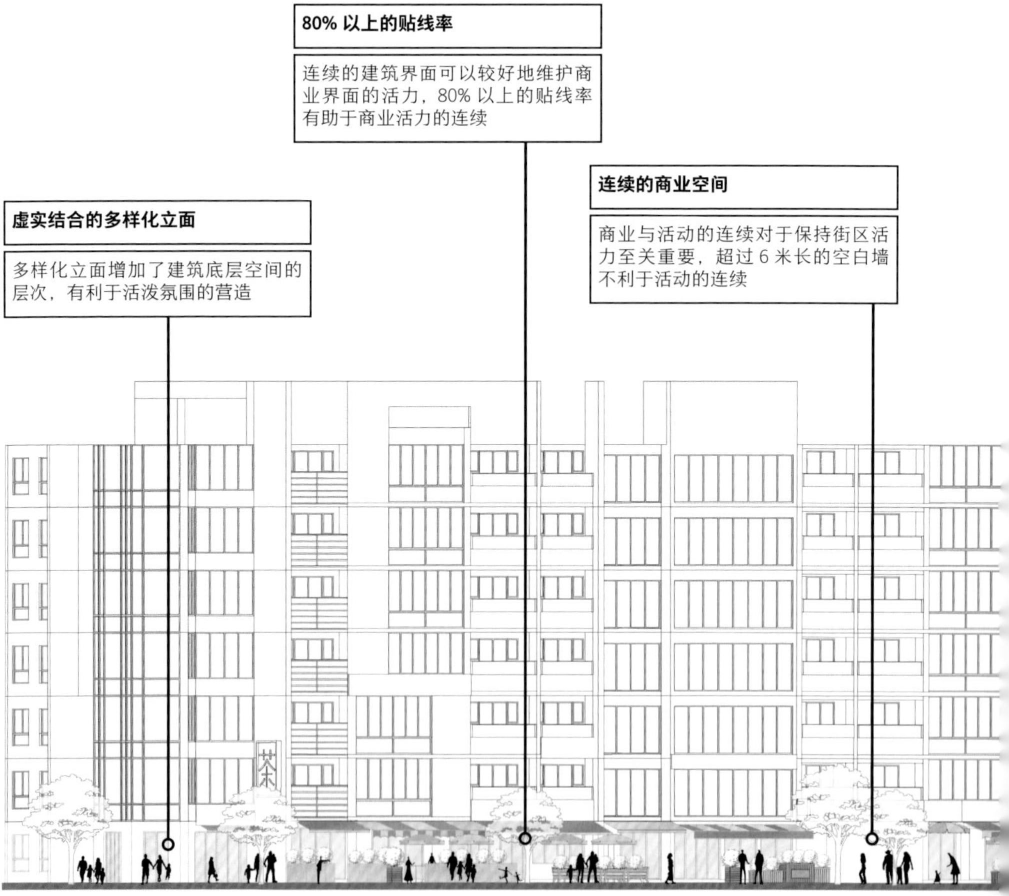

图 2-2-14 上海大学路底层空间示意

创智天地的底层空间界面成为流动行人随时可步入的沿街建筑空间，通过密集的人行开口、连续的街墙、虚实的立面和雨棚外摆等形式，模糊道路与建筑底层的边界，成为内外通透的街区公共空间。

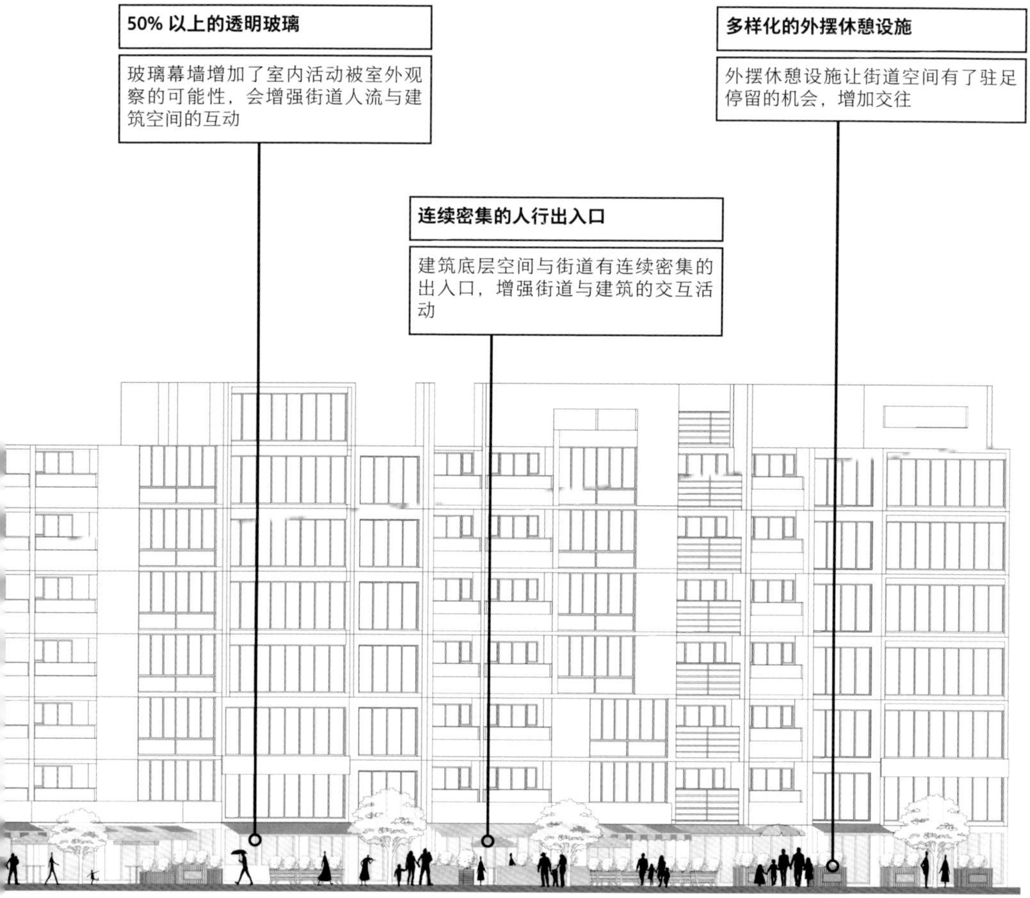

特征四：与道路一体化的空间使用模式

超级街区的空间解决策略是建筑与道路实行一体化管理，将建筑空间与街巷空间无界化，整个街区成为人们活动的公共场所。

图 2-2-15 上海大学路街道与沿街界面一体化设计示意

创智天地的超级街区以1：1适宜的街区宽高比，营造了汇集人流与活力的街区空间，通过管理商业空间与协调规划道路空间，模糊建筑底层界面与道路界面，实现街区生活的丰富多样。如图 2-2-15 所示。

特征五：创新创意的零售体验业态

超级街区的功能业态不仅提供日常的生活服务，包含餐饮、零售等，同时也是各种文化艺术、节庆活动、路演展示、科技体验的活动空间。无论是建筑使用功能的水平混合还是垂直混合，都呈现出各种创新创意业态在建筑空间中的灵活布局，也因此超级街区往往伴随着混合的空间模式。如图 2-2-16 所示。

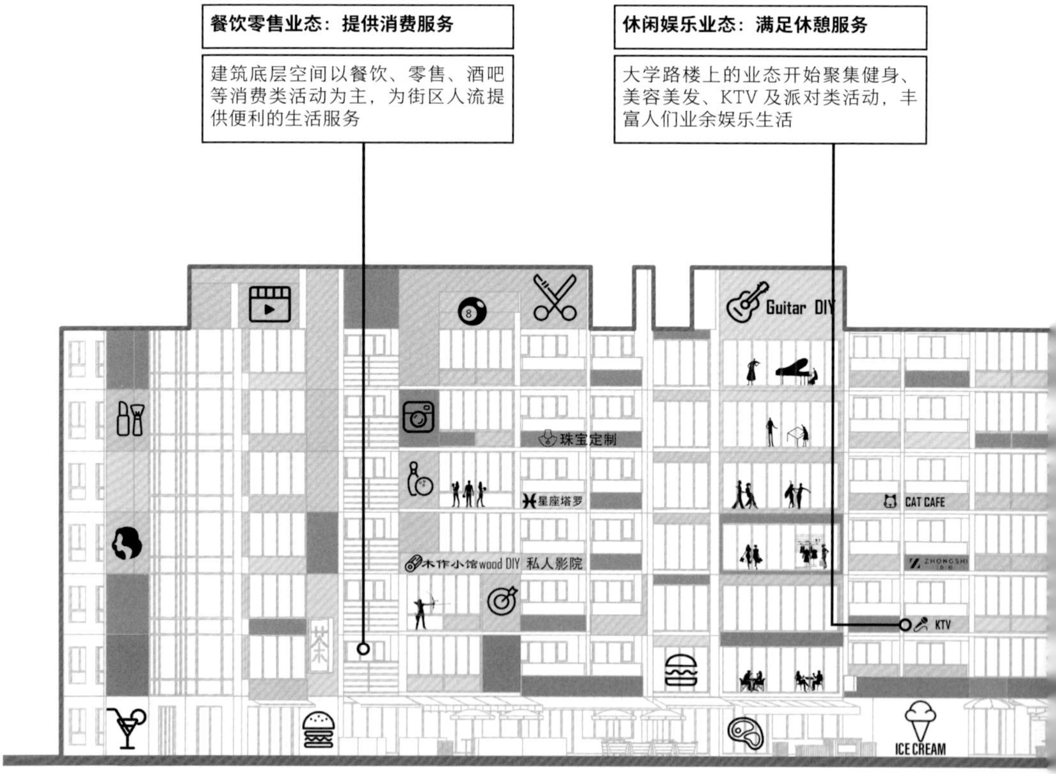

图 2-2-16 上海大学路的“垂直业态”示意

大学路作为超级街区，以居住的建筑类型作为承载各种混合业态的空间载体，既匹配了片区居住风貌，同时也塑造了灵活新颖的商业空间，并独创了“垂直业态”的方式。其业态内容以创新为主题，营造适宜年轻人消费的业态形式，酒吧街、书馆、集市、饮品店、设计展示及社群管理的“发生便利店”，这些创意内容的呈现都迎合了当下年轻人的喜好。

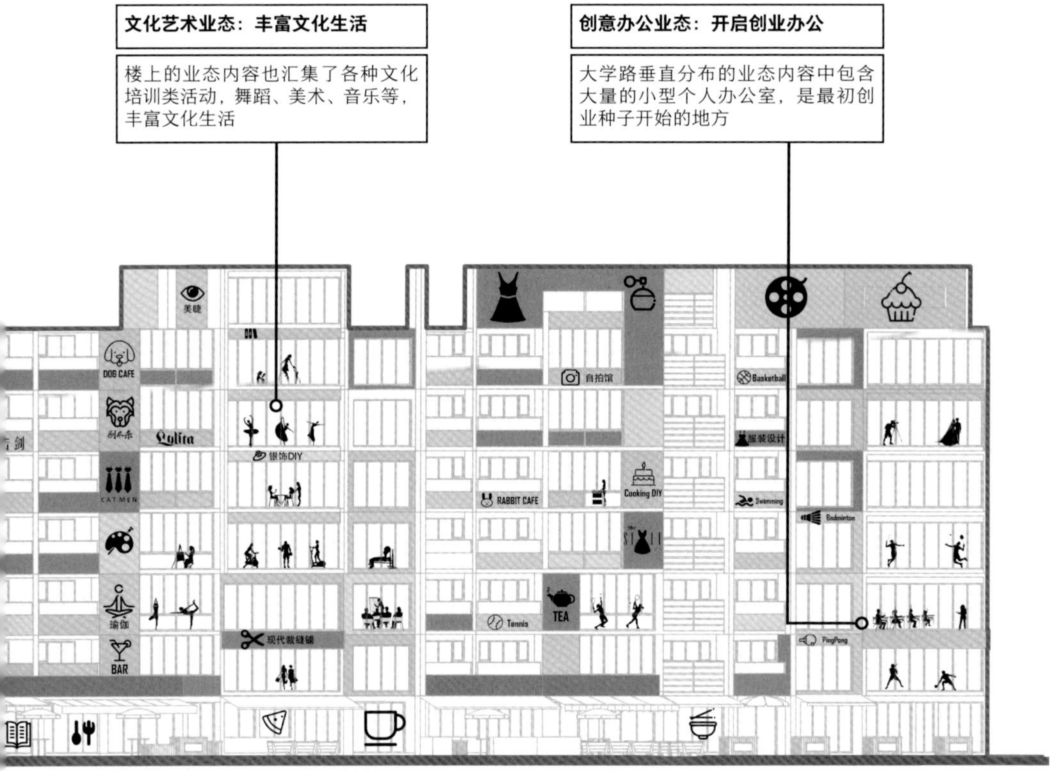

2.2.3　开敞公园：促进交往的户外开敞空间

1. 公园的特征

当一个场所的功能用途多元化时，它被使用和提及的频次就会越高，人们有需要时就自然会想到此处，久而久之这里就成为了一个聚焦点，成为承载活力的中心点。人与人的碰撞率增大，创新的想法就更有机会涌现。

比如英国伦敦国王十字街的中央圣马丁艺术与设计学院（Central Saint Martins）前的广场。这是一个亲水的绿地空间，由一个小广场与阶梯绿地组成。学生们可以在这里休憩，公众可以来此聚会用餐。建筑首层有酒吧、餐厅、咖啡厅等，并且对大众开放；广场喷泉吸引了喜欢玩水的小孩；广场有时候会有艺术装置展，各类展览和走秀表演也层出不穷，形成了一道靓丽的风景线和独特的文化创意体验。这样的开敞空间大大强化了创新区的活力氛围。通过研究全球创新区案例，我们认为有效的开敞公共空间具有下列特征。

易于访问 激发逗留

当我们的团队在调研全国各地的高新园区时，发现很多高新区都有漂亮气派的绿地公园，但在实际的用户访谈中，会得到诸如“我们园区的公园的确漂亮，但我工作 10 年了，一次都没有去过”此类的反馈。花了大力气修建的公园却没有被高频次光顾，不得不说是一大遗憾，其中一个原因就是“公园并不易于访问，与办公园区的衔接不顺畅”。

一种破局方式是重视打造“口袋公园”。“口袋公园”是指规模很小的城市开放空间，常呈斑块状散落或隐藏在城市结构中。创新街区中人口密度较高，工作强度较大，口袋公园选址灵活、邻近用户，同时面积小、成本低。“一推开门就是公园”让其使用频次得到提升，同时可以提升街区的颜值，也充当休憩、释放压力与交流沟通的良好场所。

柔软边缘 注重体验

值得牢记于心的是，我们不应仅仅提供空间，而是要创造体验场景。体验的根基是“人”，开放地用各种方式将用户邀请到一个又一个的空间内，激发逗留的意愿，甚至创造“心流”的体验。设计大师扬·盖尔（Jan gehl）提出了“柔软边缘”（Soft edges）的概念，这一概念指的是：“用设计将建筑底层区变得活泼、亲切、灵动，减少外部和内部空间的界限感，人们可以自然地坐下来面对人行道，从而创造出城市中最有活力的部分。”[7]

如果你看到人们坐在消防栓上，靠在路灯柱、建筑墙和栏杆上，这无声却深刻地表明：这个街道不希望人们停下来逗留。但如果有可以或停或坐的地方，街区就变得“柔软”了，这里的时间会变慢，人们开始放慢步伐，或进入某个小店，买一束花，点一杯咖啡，写一行文字，认识新朋友。

一个很棒的例子就是美国通用电气公司在波士顿的新总部——Innovation Point（创新点）。建筑底层空间大约 75% 的面积都开放供公众使用，包括咖啡店、工作休息室和 GE 体验中心。人们可以在这里休憩、逗留、交谈等。GE 总部园区还将一个户外空间、一个新码头的户外活动空间和 6000 多平方米的绿地，开放给所有公众，让这里成为年轻人、家庭、小孩子都喜欢来的地方。

舒适并干净 亲切且独特

成功的公共空间离不开运营。保持清洁、维护绿化，确保公共卫生设施干净有序等非常重要，一旦这些运营的工作没有做到位，就极有可能产生“破窗效应（Broken Windows Theory）”[8]。“破窗”指的是，如果有人打破了某个建筑物的窗户玻璃，而这扇窗户又没有得到及时维修，别人就可能会受到某些暗示性的纵容去打烂更多的玻璃。久而久之，这些破窗户就会给人造成一种无序的感觉，形成恶性循环。

最能说明此效应的是纽约布莱恩特公园（Bryant Park）。20 世纪 80 年代，布莱恩特公园被称为“针头公园”，众多吸毒者聚集于此，一年发生的刑事案件就高达 500 多件。1991 年，布莱恩特公园在丹 • 比德曼（Daniel A. Biederman）带领的布莱恩特公园修复公司（Bryant Park Restoration Corporation）精心的设计改造后重新开放，公园彻底与“城市毒瘤”说了再见，有人说布莱恩特公园“太干净”了，比德曼都不屑回复。因为他坚信，城市是有“破窗效应”的，布莱恩特公园因为“不干净”而成为毒瘤，因为干净而成为城市目的地。

社交属性 网络纽带

社交性是公共空间成功的关键，“网络资产”也是创新区的宝贵要素。“社交纽带”将人和企业连接在一个特定的领域内，建立起一个能让信任、协作和信息共享的更深层次网络。

同时，社交性的公共空间可以是发生正式社会交往的物理空间，也可以是人们在日常生活中一次又一次地意外碰到彼此的空间，有利于建立“弱关系”。“弱关系”将人和公司更松散地连接在各个领域，并提供了现有网络之外的新信息、新联系人和业务线索的通路。

公共空间因为其公共、开放的属性，本身就拥有力量，这种力量源于每一个人都有权利使用。正是这种参与感让人们得以交流互动，并像主人翁一样去创新，去改变我们在城市中的生活，改变我们对城市的体验，影响我们对城市的权衡选择。

2.“公园式”创新区

公园式创新区≠公园 + 创新区，创新区内的公园不是以数量与体量来定义的。公园式创新区是一个大系统，不是在创新区内建公园，而是把创新区变成大公园，创新区是从公园中长出来的，注重特色性、系统性、生态化和服务品质。公园式创新区具有生态价值、美学价值、人文价值、经济价值、生活价值和社会价值[9]。

绿水青山的生态价值

以生态文明理念为引领，深入践行“绿水青山就是金山银山”理念，以生态视野在城市构建山水林田湖草生命共同体、布局高品质绿色空间体系，将“城市中的公园”升级为“公园中的城市”，形成人与自然和谐发展新格局。

诗意栖居的美学价值

坚持用美学观点审视城市发展，通过以形筑城、以绿营城、以水润城，将城市全部景观组成一幅疏密有致、气韵生动的诗意城市新画卷，形成具有独特美学价值的现代城市新意向。

以文化人的人文价值

通过构建多元文化场景和特色文化载体，在城市历史传承与嬗变中留下绿色文化的鲜明烙印，以美育人、以文化人。

绿色低碳的经济价值

把创新作为发展的主引擎，着力构建资源节约、环境友好、循环高效的生产方式，建立生态经济体系和绿色资源体系，发展新经济，培育新动能，推动形成转型发展新路径。

简约健康的生活价值

坚持以让市民生活更美好为方向，着力优化绿色公共服务供给，在城市绿色空间中设置高品质生活消费场所，让市民在公园中享有服务。

美好生活的社会价值

公园式创新区可以提高生活品质，提升市民幸福感，增添市民日常生活的乐趣。

3. 多层级的公园体系

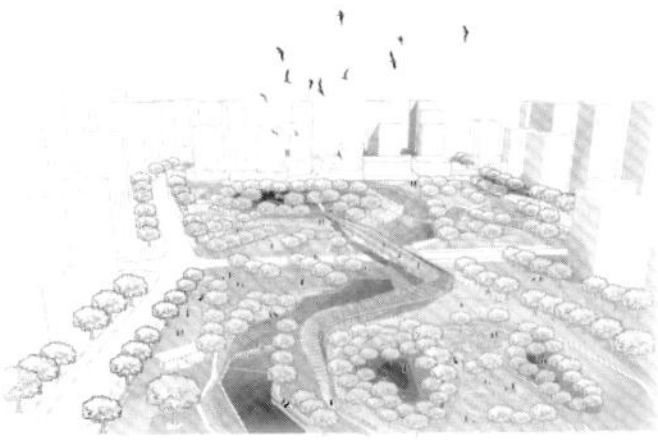

城市综合公园

公园定义：满足城市居民的休闲需要，提供休息、游览、锻炼、交往，以及举办各种集体文化活动的公园。

占地面积：不小于 50000 平方米。

服务半径：1000 ～ 2000 米。

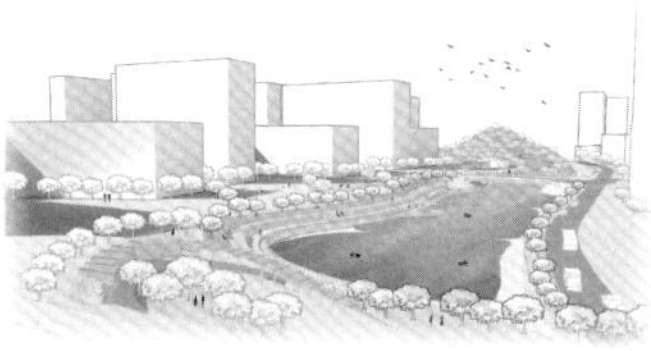

社区开敞公园

公园定义：服务社区，为市民提供景观层次丰富、公共活动多样的开敞公园，具有游乐、嬉戏、运动等功能。

占地面积：10000 ～ 50000 平方米。

服务半径：800 ～ 1000 米。

邻里交流公园

公园定义：服务周边邻里，为市民日常生活提供一定的休闲健身设施和休憩场所的公园。

占地面积：2000 ～ 10000 平方米。

服务半径：300 ～ 500 米。

街区口袋公园

公园定义：利用建筑前广场或者建筑围合空间形成便于交流的微型公园。

占地面积：2000 平方米以下。

服务半径：100 ～ 200 米。

4. 开敞公园与周边建筑的空间尺度

如图 2-2-17 所示。

高宽比	观察者视角	空间心理感受
高：宽 < 1/6	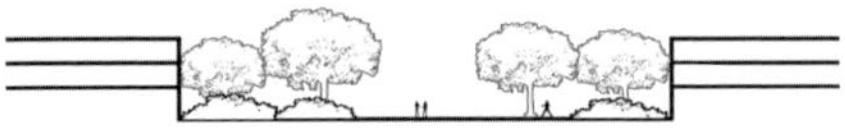	城市综合公园的空间感觉相对开阔，为辐射大区域的生态接触面，强调开敞开阔的公园视觉体验
1/6 < 高：宽 < 1/3	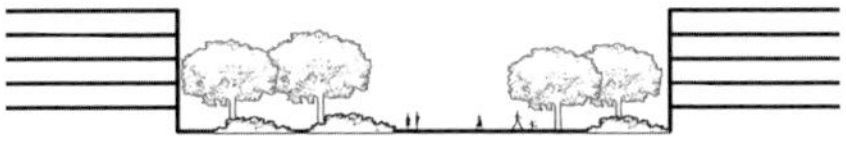	社区开敞公园空间感开阔，但人能清晰观察到建筑群体的界限，并开始注意建筑群体的全貌
1/3 < 高：宽 < 1	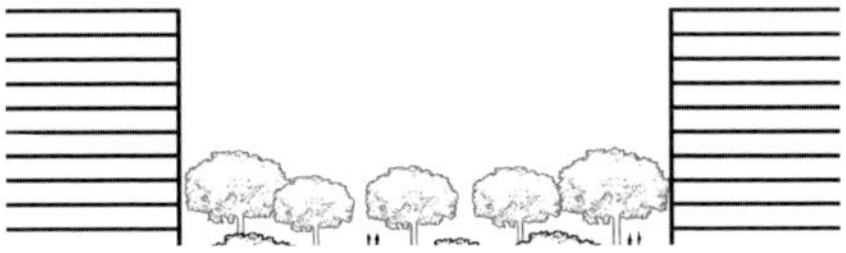	邻里交流公园空间开始逐步趋向围合，人的注意力变得集中，较易观察到建筑细部，空间尺度舒适
1 < 高：宽 < 2	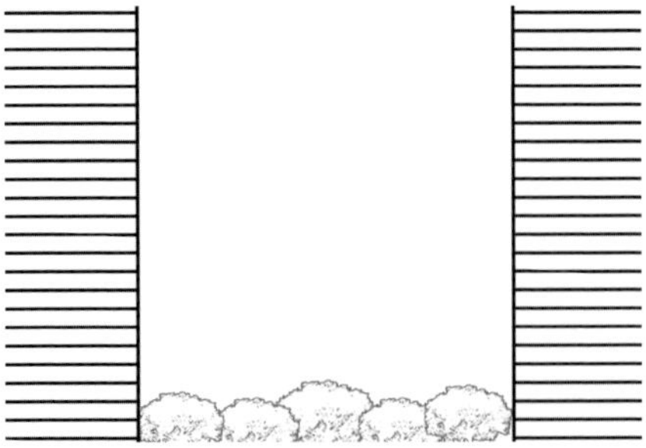	街区口袋公园空间开始封闭，人能观察到建筑的下半部分，空间紧凑，容易形成繁华热闹的氛围

图 2-2-17 公园与周边建筑的高宽比

5. 开敞公园体系详解

城市综合公园

满足城市居民的休闲需要，提供休息、游览、锻炼、交往，以及举办各种集体文化活动的公园；有大面积绿地，能够户外游憩，活动内容、功能全面，且可供半日以上游览的城市公共性绿地公园。规模不小于 50000 平方米，服务半径 2000 米，空间开敞，辐射大区域的生态接触面，强调开阔的视觉体验，建筑与开敞空间的高宽比通常小于 1/6。如图 2-2-17 所示。

公园设计应重点强调保留原有山体、植被，融入文化特色，并加强体验性，通过合理的功能分区，塑造多样化的场地，提供满足不同年龄人群的多类型设施。城市综合公园应尽量利用原始地形地貌，设置乔木、灌木、草坪结合的立体化绿化，并考虑四季景色变化搭配；设置开阔的草坪，乔木应选择冠幅较大的树种，以提供树阴供市民避暑。绿地率不宜低于 80%，绿化覆盖率不宜低于 70%。如图 2-2-18 所示。

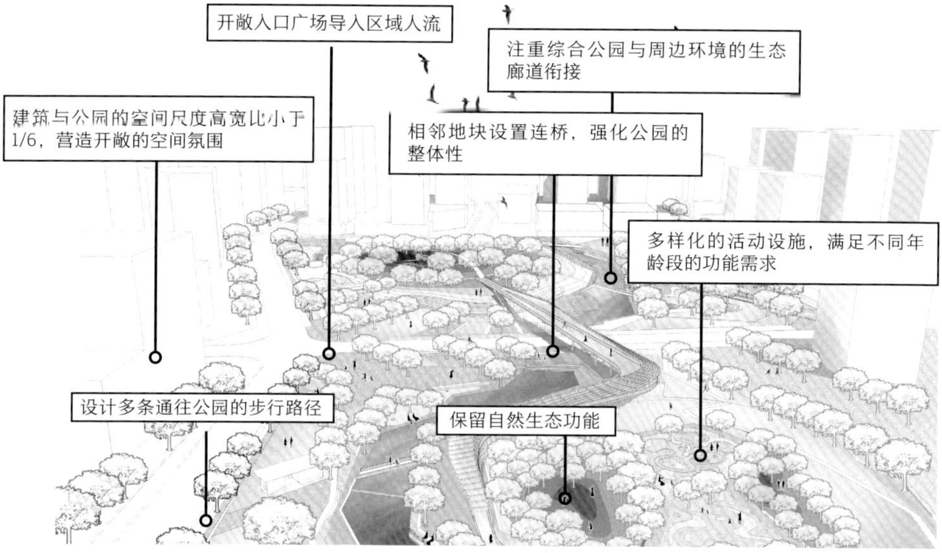

图 2-2-18 城市综合公园示意

公园的特征要素：

（1）满足不同年龄层的功能需求，儿童游乐、青年聚会、老年广场等；

（2）多层次的景观体验活动，水景、林景、湖景、山景等；

（3）与周边生态景观、人文景观有良好的衔接呼应关系。

公园的设计要素：

（1）强调公园环境的开敞开阔，周围建筑与公园的高宽比小于 1/6；

（2）设置多样化的慢行道路导入区域人流；

（3）通过滨水地下通道、地上连桥形成公园一体化整体性设计；

（4）依托自然景观因地制宜设置多样化的活动设施。

社区开敞公园

服务社区，为市民提供景观层次丰富、公共活动多样的开敞公园，具有游乐、嬉戏、运动等功能。规模通常在 10000 ～ 50000 平方米，辐射范围 800 ～ 1000 米，社区公园以 15 分钟的步行距离为宜。空间感相对开阔，人能清晰观察到建筑群体的界限，并开始注意建筑全貌，建筑与开敞空间的高宽比介于 1/6 ～ 1/3。如图 2-2-17 所示。

公园应重点针对科研人员、工程师人群的特点，结合邻近水体的特征，重点展现健康和亲近自然的主题，融入各类运动和娱乐活动，加强产业人群与外部环境的互动，有效促进身心健康。除少量常规餐饮、商业等服务设施外，建议设置淋浴间、书吧、科普展示厅等。建筑形式宜灵巧、轻盈，与自然环境较好地融合于一体。绿地率不宜低于 60%，绿化覆盖率不宜低于 65%。滨水驳岸应采用自然驳岸，形成起伏开阔的驳岸景观。如图 2-2-19 所示。

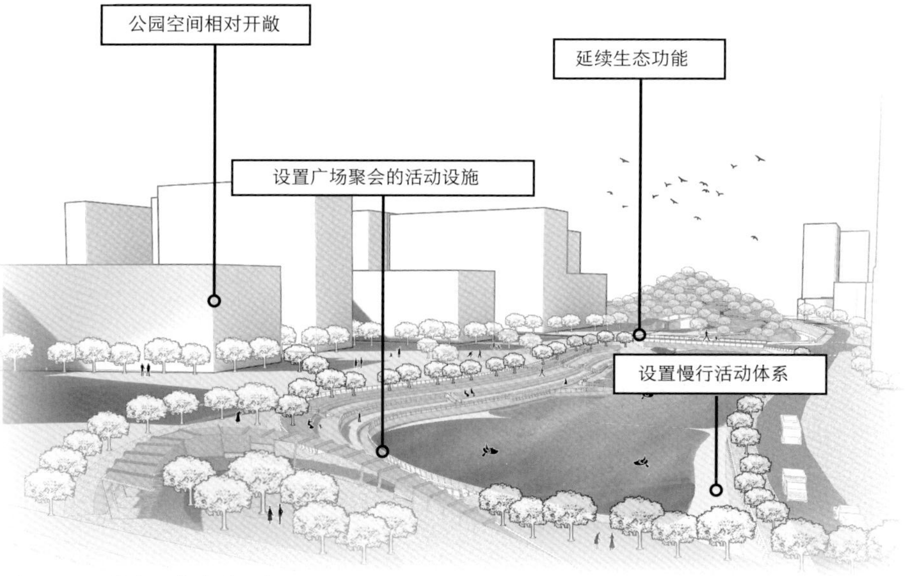

图 2-2-19 社会开敞公园示意

公园的设计要素：

（1）具备一定生态资源特征；

（2）贴近附近社区居民的广场聚会、休憩游乐功能；

（3）设计多条通往公园的步行路径；

（4）具有一定开敞的建筑与公园的空间尺度。

邻里交流公园

服务周边邻里、为市民日常生活提供一定的休闲健身设施和休憩场所的公园。规模通常在 2000 ～ 10000 平方米，辐射范围 300 ～ 500 米，邻里公园以 10 分钟步行距离为宜。市民置身邻里空间，其空间感逐步趋向围合，人的注意力也变得集中，能较易观察到建筑细部，空间尺度舒适，建筑与开敞空间的高宽比介于 1/3 ～ 1。如图 2-2-17 所示。

每个交流公园应结合区位特征，重点充分考虑老年人、儿童的需求，并融入相应的主题特色，空间上强调灵活多样，提供丰富的绿化景观环境及儿

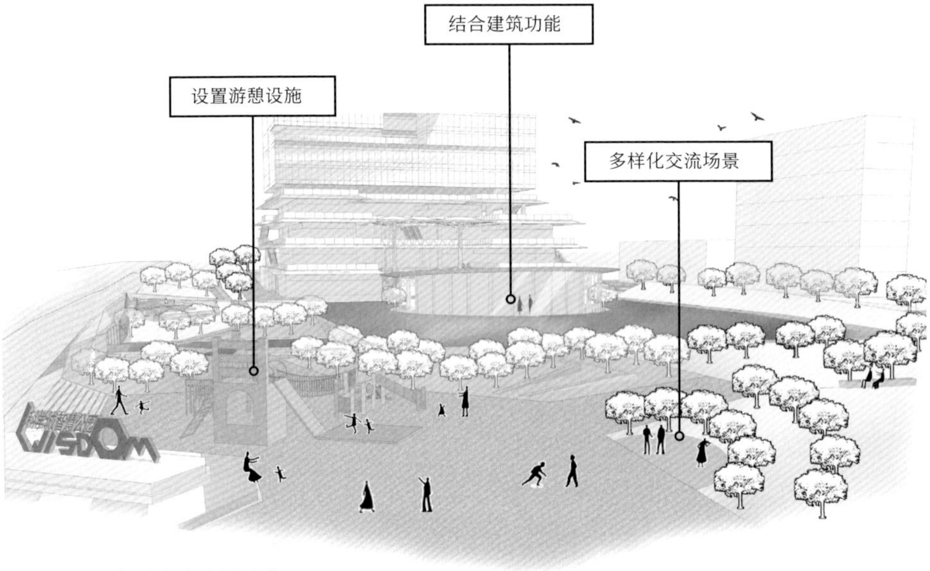

图 2-2-20 邻里交流公园示意

童活动场地、健身场地等活动交流空间。以乔木 + 矮灌 + 地被形式为主；乔木应选择冠径较大的树种，尽量提供树阴以供市民避暑；选择本地树种，使用耐践踏草种。绿地率不宜低于 40%，绿化覆盖率不宜低于 50%。如图 2-2-20 所示。

公园的设计要素：

（1）聚焦服务邻里，以邻里人群特征设置相应主导功能；

（2）设置一定体育锻炼、儿童设施等贴合居民日常生活需求；

（3）提供多种可供居民交流的空间场所，包括广场、草坪等；

（4）面向公园的建筑界面以开敞开放裙房空间与公园产生互动；

（5）能够感知公园周边邻近建筑全貌的空间尺度。

街区口袋公园

用建筑前广场或者建筑围合空间形成的便于交流的微型公园，其规模在 2000 平方米以下，辐射范围在 100 ～ 200 米，到达公园的步行距离通常在 5

分钟以内，走出建筑即可参与的开敞空间。口袋公园的空间感较为封闭，人能观察到建筑的底层空间，空间围合紧凑，容易形成繁华热闹的氛围，其空间感受的高宽比在 1 ～ 2。如图 2-2-17 所示。

设计应强调灵活多样，重点为人们提供足够多且舒适的停留空间及设施，提供尽量多的绿化植物，以改善城市微环境，激发城市与社区活力。鼓励灵活多样，可采用小型植物空间、水景小广场、儿童活动角等形式。以高大乔木为主，尽量使中层视线通透，使空间显得开阔明朗。绿化覆盖率不宜低于 50%。场地应加强无障碍化、多样化设计。每 10 平方米的空间宜提供长度不少于 1 米的座椅，形式可灵活多样；提供夜间照明系统，延长公共空间使用时间；鼓励设置特色景观小品。如图 2-2-21 所示。

公园的设计要素：

（1）以街区交流为主导功能的社交公园；

（2）布局休闲座椅、简易交流设施的微型公园；

（3）公园设计多条导向建筑入口的步行路径；

（4）营造空间紧凑的围合氛围。

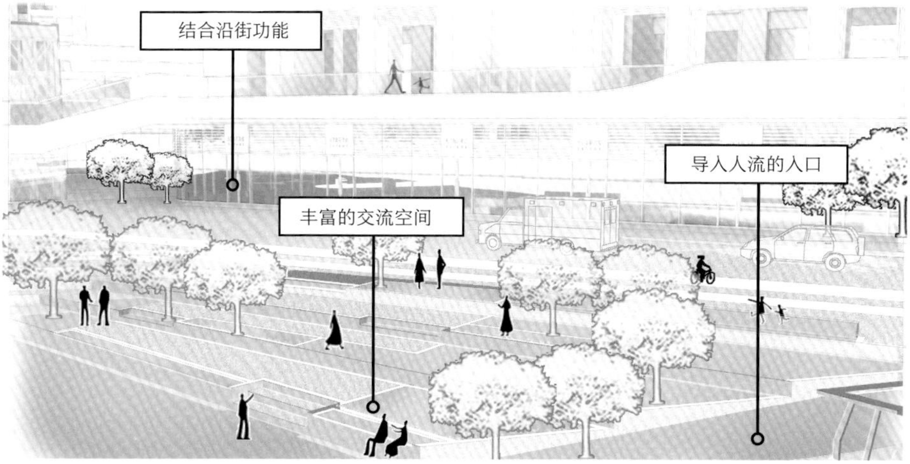

图 2-2-21 街区口袋公园示意

小结

本节重点探讨了如何通过高频度的交流来设计创新区。我们将高频度的交流划分为三个主要维度：连接交流维度、街区交流维度、公园交流维度。

在连接交流维度上，我们提出城市、社区、组团三个层级的连接体系，宏观上将创新区融入城市片区，以各种界面接入城市，与城市建立连接。中观上沟通创新区内各板块，形成创新区内联络网。微观上在建筑间建立连廊与地下通道，打造建筑与建筑之间点对点的连接。在街区交流维度上，我们打造人性化的街区空间，将街区打造为同时具有交通和交流属性的开敞空间，设计快慢分离的道路系统，着重打造慢行系统，达到步行友好的目标。我们鼓励超级街区的运营与发展，并对设计超级街区的业态进行了研究和建议。在公园交流维度上，我们提出创新区多层级的公园体系，将不同功能、不同服务范围的公园串联起来，形成创新区的开敞空间网络，为交流提供场所。

高频度的交流是创新产生的支持，我们希望通过我们的设计，可以为交流提供更多发生的场所与机会，让创新区中的交流自然而然地发生。

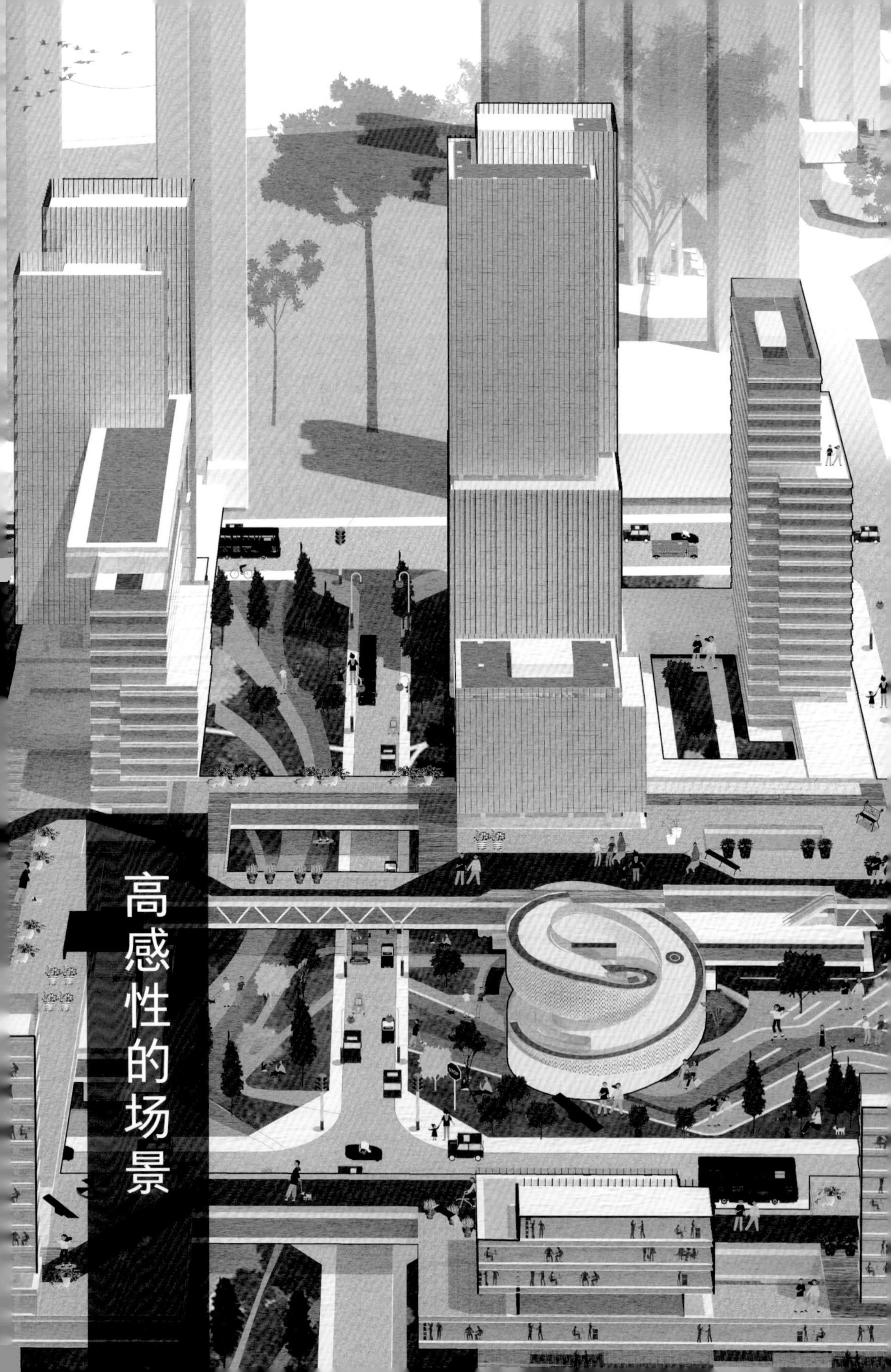

高感性的场景

2.3　高感性的场景

营造激发创新的感性场景 ——施道红

高感性场景的 X 项原则

2.3.1 空间记忆：塑造可识别的空间场景

1. 凝聚吸引力的颜值地标

2. 无边界的柔性建筑空间

2.3.2 第三空间：创新 + 空间是赋能生活激发交往的催化剂

1. 第三空间的特点

2.FTA 对于第三空间的思考

小结

最好的建筑就是这样的，我们身处其中，却不知道自然在哪里终了，艺术在哪里开始。

——林语堂

当我们回忆起一个地方的时候，最先想到的是这里给我们留下深刻印象的场景，随之而来的是当时的感受，而后才会追溯具体在这个地方发生了些什么、做了些什么，最后才是细细回味当时的嗅觉、触觉、听觉。这些在我们脑海里搭建出这个地方的形象。因此，创新区的场景打造尤为重要，因为它奠定了人们对这个区域印象的基调。那么我们该如何设计独特且令人记忆犹新的场景呢?

场景是有生命的，它是设计者的态度

场景的营造可以是实体的、看得见摸得着的，通过建筑、街巷空间的设计，来营造区域给人独特的感受，迈阿密设计区就是这样做的。迈阿密设计区堪称全球最适合拍照打卡的地方，0.08 平方千米的土地上遍布了 130 多家艺术画廊、千奇百怪的展厅、脑洞大开的创意服务店，在这里，你可以找到各种各样有趣的商店、老派却绝不古板的古董店、奇思妙想的餐馆和酒吧……它们中的每一间都可以被称作艺术品，除了本身的商业属性以外，它们本身就具有无穷无尽的艺术魅力。迈阿密设计区把自由与艺术做到了极致。在这里，你可以去自由思想者的博物馆——迈阿密当代艺术博物馆（Institute of Contemporary Art）免费欣赏许多私人藏品；可以在德拉克鲁兹（de la Cruz Collection）——一个先锋派艺术画廊里徜徉；抑或在咖啡馆或餐厅享受美食；如果你愿意的话，也可以在高端时尚品牌聚集区“血拼”一把……迈阿密设计区独特的规划造就了美好的公共艺术与整体氛围：特别的建筑立面、大胆的雕塑设计、友好的街道尺度，确保了迈阿密无可撼动的“全球必打卡处”地位。

当然，场景的营造也可以是朦胧的、富有氛围感的，这会让整个区域更加“高级”，让我们来看看富有 Kinfolk 气质的波特兰。“Kinfolk”是南美的一句古语，意思是“家人”。Kinfolk 的生活方式提倡简单纯净的慢生活，放在波特兰的语境下就是：复古风、嬉皮士、音乐人、艺术家、山川河流、独立书店、手工皮具、咖啡、甜甜圈、调酒……波特兰是浪漫的、有韵味的、慢节奏的。在这里随处可见独立书店，这些书店贩卖的不只是二手书，而是波特兰这座城市的情调，每天这些独立书店里人来人往，当人们带着这里的一本书离开后，一定会在某日想起在波特兰的慢时光。波特兰还有各种网红咖啡店、冰淇淋店，更加加深了人们对这座城市慢生活、享受生活的印象。一座城市就是一种生活方式，在现在的城市竞争中，城市场景就是最大的竞争力。

场景是创新区的灵魂

拿我们熟悉的中国城市举例，提到北京，大家会想到故宫、想到南锣鼓巷；提到上海，人们自然想起外滩、想起陆家嘴；提到重庆，洪崖洞自然而然地跳入我们脑中；提到长沙，不得不提的就是凌晨还熙熙攘攘的解放西、文和友……我们回忆一座城市，说到底回忆的是那些独特的城市场景与城市气质，这个规律同样也适用于创新区。

一个独特的、高感性的场景可以说是创新区的灵魂，也奠定了整个创新区的气质。可以通过塑造可识别的地标来打造创新区的场景，高端大气的超高层、历史浓厚的老街区、韵味十足的文化建筑、风格迥异的特色街巷……这些“实在的”建筑与空间都可以成为创新区的亮点。也可以重点塑造一些柔性的建筑“虚空间”，比如建筑底层的交流空间、屋顶空间等，这些会更能增加使用者对空间的使用感受，提升空间的氛围感。另外，也可以着重打造功能属性复合的创新场景，这简直是凸显创新、增加区域活力的利器！只要我们抓住区域特色，结合以上的设计手段，一定可以设计出与众不同、气质独特的创新区。

未来创新区，一定会因为与众不同脱颖而出，成功的创新区不只因为他们孕育创新而伟大，它本身就是一个伟大的作品与尝试。

2.3.1 空间记忆：塑造可识别的空间场景

从理性的角度看，讲的是代表了区域的风貌特质，其凝聚了整个区域的特色，给使用者留下深刻印象，增加创新区的独特性与可辨识度。从感性的角度看，可识别场景透露的是一种人文精神，它赋予创新区温度，同时也是设计者对创新区美好愿景的展现。我们将可识别场景分为两类：室外场景与建筑场景。室外场景主要借助建筑与场地的结合设计，打造区域地标、特色街区，奠定大区域的基调与气质。建筑场景更加聚焦营造与建筑紧密结合的空间，注重建筑第五立面与底层外部空间功能的多样性，展现创新区的细腻与温度。

1. 凝聚吸引力的颜值地标

现代超高层地标

具有现代风貌的超高层地标建筑，大面积的玻璃幕墙传达城市现代化建设风貌，与区域城市风貌呼应，成为引领创新区现代化发展的风貌标志。如图 2-3-1 所示。

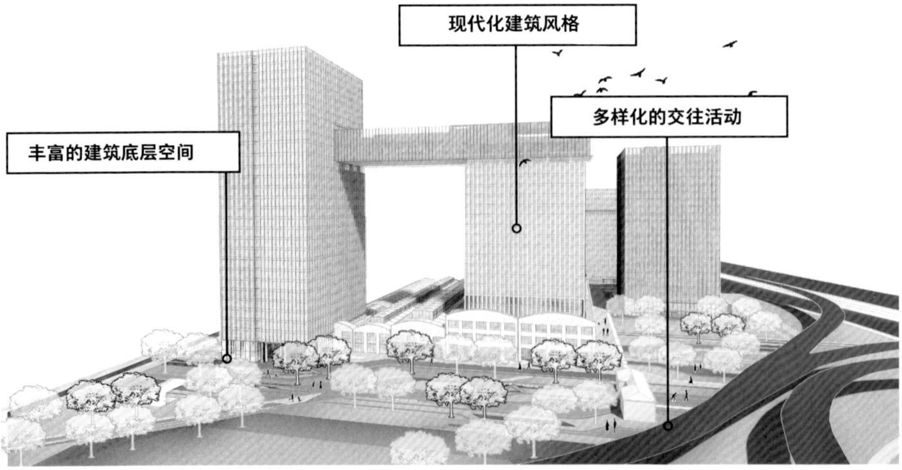

图 2-3-1 超高层地标示意

案例解读

上海静安国际科创社区
云汇数智中心

项目说明：本项目位于上海市北高新区整体转型战略规划核心地块，建筑面积13.7万平方米。业主为上海市北高新（集团）有限公司。项目旨在打造市北区域的地标性建筑群，成为片区进入市北的科创门户，形成强烈的形象昭示作用。

实践应用：规划以现代化风格的高层塔楼打造区域空间形象。设计灵感来自“连接”与象征数字时代的“0/1”，经过抽象化设计，两座塔楼形成连接成为一个“门”形整体，在上海高密度的都市肌理中彰显了其独特的存在，打造出焕然一新的市北新地标，塑造了市北高新现代化、高科技之都的形象。同时，地块内承载着有辉煌历史的老厂房，设计将部分厂房保留，与塔楼形成互补融合，有机地缝合了新老建筑，融合了富有视觉冲击力的设计及交通景观的体验性，为市北高新打造了一张独特的名片。

文化公建地标

围绕公共属性的文化建筑，如学术论坛、会展中心、科技图书馆等，形成创新区文化公建类型的地标中心。如图 2-3-2 所示。

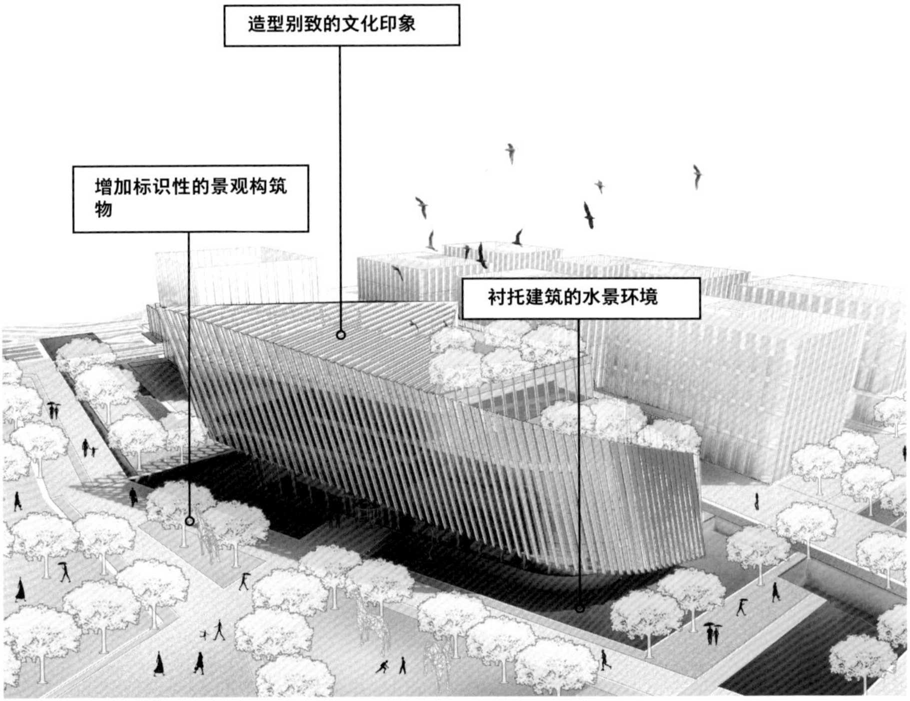

图 2-3-2 文化公建地标示意

宁波中交智慧城
建筑设计方案

案例解读

项目说明：本项目位于宁波未来金融核心岛西南向，规划为M0工业研发用地，占地面积1.1万平方米。业主为宁波中交城市未来置业有限公司。项目旨在打造宁波南门户，聚焦生产研发、企业总部和配套服务一体化的“2025中国制造”产业高地。

实践应用：规划以城市会客厅为中交智慧城先行项目，在道路交叉口位置彰显文化标识性。会客厅内部将承载接待、路演、展示、办公等多元功能。将活动从室内延伸至室外，让建筑与环境通过水景过渡融为有机整体，为市民塑造一个促进交流的公共活动空间。

案例解读

上海音乐谷概念规划

项目说明：本项目位于上海虹口区，毗邻 1933 老场坊，总占地面积 0.28 平方千米。业主为上海市虹口区规划和自然资源局。项目旨在打造具有世界影响力的以音乐产业为主的文创片区。

实践应用：规划以保留历史遗存为出发点，以现代化的营造设计手法，对历史建筑进行改造，围绕重点建筑，将现代与历史进行结合，既体现音乐谷历史价值，又展现其现代化的潮流时尚。

历史建筑地标

以具有地方历史特色的建筑作为创新区地标，以特定的历史建筑营造可识别的地标氛围。如图 2-3-3 所示。

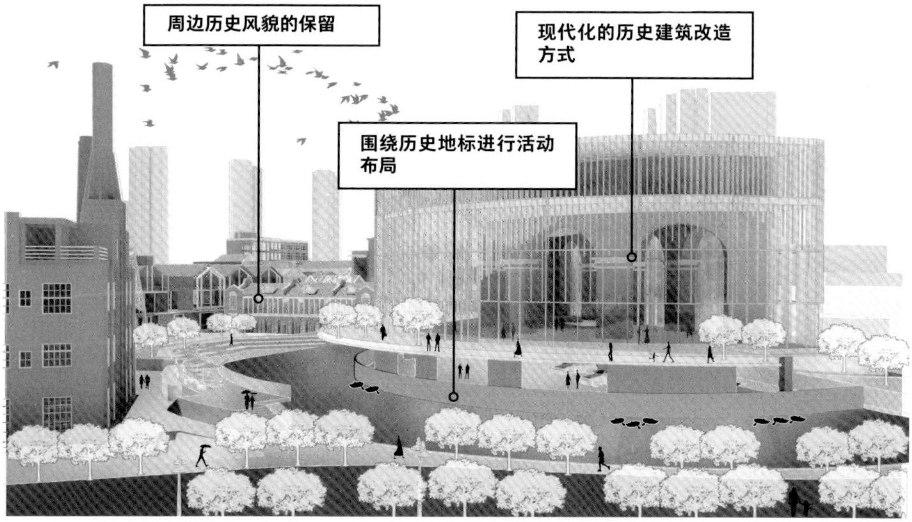

图 2-3-3 历史建筑地标示意

特色街区地标

以创新区内具有特色韵味的街区，通过设置多样化的公共活动，营造街区型地标场景。如图 2-3-4 所示，

图 2-3-4 特色街区地标示意

案例解读

上海静安国际科创社区
云芯科创中心

项目说明：本项目位于上海市北高新区整体转型战略规划的核心地块，建筑面积 20 万平方米。业主为上海市北高新（集团）有限公司和上海电气集团股份有限公司。项目旨在打造一个公园与办公融合的生态园区、工作与生活融合的乐创社区。

实践应用：规划旨在打造一个由多样化空间组成的立体网络街区，为此，同时打造景观露台、屋顶空间、庭院共享空间、中庭空中花园等特色空间。沿共和新路界面打造连续城市界面，与历史老厂房相结合，打造闹中取静的“都市绿肺”办公园区。在公共空间上，设计师巧妙地利用公共通道，打造出一条有温度的科创走廊，整体将园区打造成一个完整和谐的区域地标。在这里，灵活多样的交流空间碰撞出智慧的火花，寓教于乐的科普公园将“历史活化石”串联在一起，为企业提供独特的办公体验。

2. 无边界的柔性建筑空间

多样化的建筑底层交流空间

运用退台、骑楼、灰空间等设计要点，营造多样化的建筑底层交流空间，与街区空间一体，形成随时可驻足交流的空间场景。如图 2-3-5 所示。

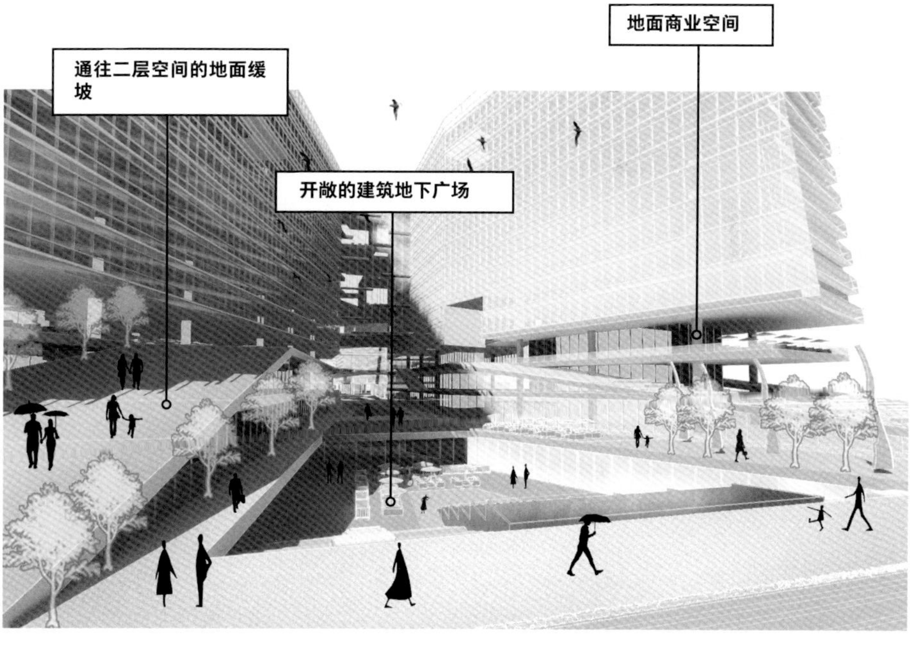

图 2-3-5 建筑底层空间示意

南京小米总部社区

案例解读

项目说明：本项目位于南京市建邺区，西北方向毗邻长江，是小米企业在南京市场布局的总部社区，总建筑面积 33.5 万平方米。业主为小米科技有限责任公司。项目旨在打造现代、简约、时尚、艺术的小米办公园区。

实践应用：规划采用了“米”字形结构，通过中庭、下沉广场将景观和休闲融入建筑中，带来了未来的生活方式体验。通过灵活空间组织与规划，创造了体现小米自由开放交流文化的无边界的柔性建筑空间。

创造第五空间的感性场景

植入多元的屋顶使用场景，露台舞台、酒吧夜宴、儿童游乐、运动探险等，让屋顶空间同样具有持续吸引力。如图 2-3-6 所示。

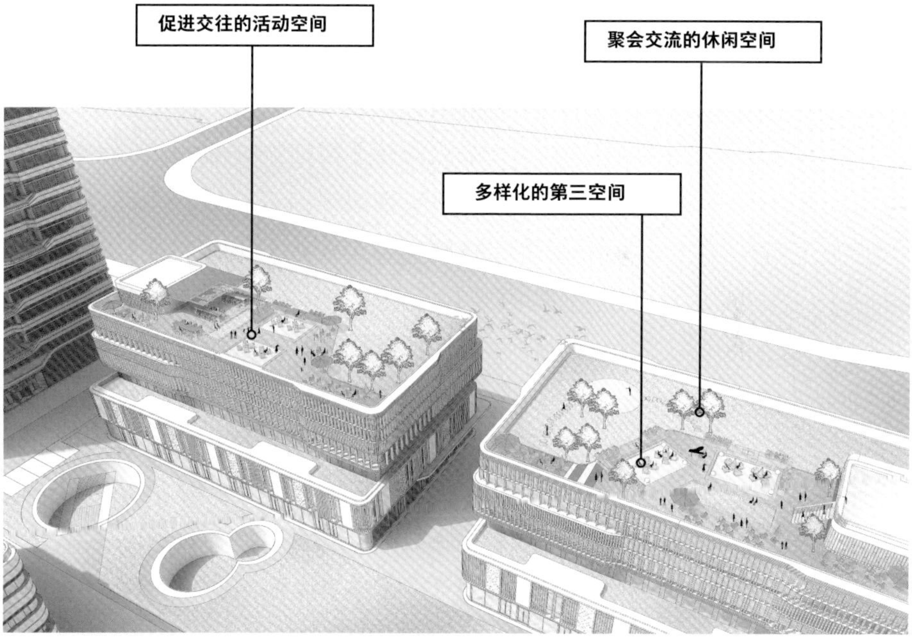

图 2-3-6 屋顶空间示意

案例解读

上海区块链生态谷

项目说明：本项目位于上海市静安区，由南北两块基地组成，用地面积 43000 平方米。业主为上海市北高新（集团）有限公司和上海电气集团股份有限公司。项目旨在打造具有产业辐射力的专业化、现代化园区。

实践应用：项目亮点在于使用高度综合的规划与建筑策略来设计整个基地区域，注重与城市周边条件的互动，充分利用建筑的屋顶空间，通过设置活动设施，让屋顶成为聚会交流、促进创新的第三空间。设计强调功能混合使用和空间的多样性，不同功能的建筑不是简单意义的叠加和复合，而是在理性分析的基础上，得到和谐的共生与共存，创造出独特而愉悦的内部空间，进而激发创意，方便交流共享。

2.3.2 第三空间：创新 + 空间是赋能生活激发交往的催化剂

20 世纪 70 年代，美国社会学家雷·奥尔登堡（Ray Oldenburg）从城市及社会研究角度，在其《绝妙之地》（*The Great Good Place*）[10] 一书中提出了“第三空间”的概念。他将居住的地方称之为“第一空间”，花大量时间用于工作的地方称为“第二空间”，而“第三空间”则是居住和工作地点以外的非正式公共聚集场所。

1. 第三空间的特点

第三空间是一种中立的空间，自由无限制

第三空间营造的开放中立环境氛围，使社会各阶层人员没有任何门槛和约束感地进入空间，在宽松、舒适的环境中自由地进行各种话题的交流，分享彼此感兴趣的事情。在这样一个较为宽松自由的环境中，创新的科技人才更有可能毫无保留地展示自己在某一学科或某一学术问题上的兴趣、思考、想法和观点，将自己的隐性知识梳理、归纳、显性化，在与他人交流中，供人们议论、补充、批评和商榷，集思广益，实现资源整合。实际上，很多创意都是在聊天、就餐、喝茶、品咖啡等轻松、舒适的休闲活动中诞生的。在这种没有压力、宽容宽松的非正式环境中，更适宜不同学科、不同门类、不同族属、不同层次的人员在开放式谈话中获取灵感，在不经意的闲聊中受到启迪。第三空间为科技创新提供了一个很好的信息交流、经验分享的平台 [11]。

第三空间创造“1+1>2”的知识整合与创新

第三空间是一个公共交流的地方，它没有职场上的等级界限，也没有家庭中的角色束缚，人与人之间的地位是平等的。在这种融洽、和谐的环境氛围中，人们能够放松心灵、毫无芥蒂地释放自己的潜能。在此，年龄构成、性格特点、兴趣爱好、知识结构、专业领域、思维方式、科研能力各不相同的科技人员随机地凑在一起，对某一问题进行交流和探讨，便会碰撞出意想

案例解读

罗氏制药总部
（张江）园区赋能中心

项目说明：本项目位于上海张江科学城医药总部企业园区，建筑面积 7.2 万平方米。业主为罗氏制药有限公司。项目旨在助力企业战略转型，将整体园区打造为研发和办公的综合总部园区。

实践应用：规划希望打造研发办公沟通无边界的现代化园区，集结研发平台、策略转型平台、敏捷转型平台于一体的赋能中心。在空间上，打造屋顶花园、景观平台、空中走廊等活动空间，重点设计建筑屋顶，植入大面积绿化与活动设施，打造可以休闲漫步的屋顶空间，同时注重园区采光中庭与生态空间的打造，形成生态化的“零碳”总部社区。

不到的火花和新论。有些人喜欢逆向思维，有些人喜欢剑走偏锋，有些人善于大处着眼，有些人擅长细节聚焦，有些人习惯于批判性思考，有些人能够快速丰富延展……这恰恰能够完善与补充他人研究中的漏洞和不足，在互动与交流中产生化学反应，获得“1+1>2”的知识整合与创新[11]。

第三空间是创新萌芽的地方

第三空间是一个开放式的社会交往空间，在图书馆、茶社、咖啡厅及联合办公空间，无论是陌生人还是老相识都能够在此有意、无意地见面和闲聊，无形中为人们促成了探索和讨论的机会。在这类开放式第三空间中，非常适宜创新想法的萌芽。在新思想产生初期，都会经历一个朦胧、模糊的阶段。当一种新的构想尚未成形和清晰时，由于观点尚不成熟和明确，甚至在他人看来是单纯幼稚的，研究者一般不愿在正式场合与同事交流，他们会来到更加开放多元的第三空间，因为这里常有不同知识结构、不同工作经历的新面孔，从不同专业、不同角度和侧面来探讨某一个话题，最易触动人旧有的知识体系、厘清尚处于混沌状态的思想框架[11]。

创新区设置有众多的第三空间，这些空间分布在建筑中的各个地方，可以在屋顶、走廊、前厅、后院，也可以在街角、楼梯，甚至在户外广场，他们的表现形式可以是酒吧、咖啡厅、会谈区、景观区、共享空间、休闲场所、步行街、绿化带等，这些类型多样的第三空间，以一种软环境的形式，营造一个包含了人际交往、信息流动、观点碰撞、互相启发的思想共鸣区，并恰到好处地体现出创新性办公场所应有的生机和创造性张力。人们在这里能够获得更多奇缘般的会面，在自由交往和聚会闲谈中激发人们的想象力和创造力，孵化出各种伟大的创造性构想[11]。

案例解读

碧然德上海办公室

项目说明：本项目位于上海市浦东新区，设计面积 2000 平方米。业主为碧然德净水系统（上海）有限公司。项目旨在探索一种更灵活的办公模式，打造未来办公新场景。

实践应用：人创造环境，环境也创造人。经过彻底的革新，空间布局焕然一新，开放办公区、洽谈接待区、会议室和多功能社交区域多元并存，不仅节约了 75% 的物理空间，促进团队协作，还提升了工作效率，员工也从以往的被动执行转向主动思考。设计围绕“净化”这一理念，将 2000 平方米的办公室塑造成一个净化心灵的场地。入口前厅是人们对空间感知的第一印象。在这里，设计引入“办公厨房”概念，将传统接待台升级为一个强连接的社交中心，把现代人追求自由、灵活多变的工作方式与社群归属感融于一体。

2. FTA 对于第三空间的思考

我们认为创新区内的第三空间，可以用“创新 +”空间来定义，是融合了多种使用功能的空间。它将原本独立单一的功能空间进行创新叠加，例如：将休憩空间与消费空间叠加，将娱乐空间与展览空间叠加等，这增加了空间的使用频率，提升了空间的活力度，让原本单调的空间产生了交流与趣味，由单一职能空间蜕变为多种职能的创新空间。

FTA 的天才吧正是第三空间的集中体现，也是 FTA 对于“创新 +”空间的充分诠释。天才吧这个空间具备休憩娱乐、交流展示、学习分享等多种功能。中午，员工们可以在这里午休、用餐。周五下午，这里提供下午茶和行业知识分享会，员工们也可以在这里进行交流。由于新冠疫情的影响，我们连续两年在这里举办了年会，也获得了不错的反响。天才吧是 FTA 交流发生最频繁的地点之一，也是 FTA 创新力的体现。如图 2-3-7 所示。

图 2-3-7 FTA 天才吧示意

小结

本节重点探讨了如何通过高感性的场景来设计创新区。我们将高感性的场景分为两个维度：识别场景维度和创新场景维度。

在识别场景维度上，我们又将其分为室外场景与建筑场景讨论。在设计可识别的室外场景时，我们结合创新区的功能与本底特色，塑造符合区域风貌的地标和特色街区来奠定区域基调，打造区域精神，增加使用者对区域的印象，弘扬创新区的自然生态、文化底蕴与历史遗留。而对可识别的建筑场景的设计则更注重使用者在场景内的感受，我们选择将多样性的功能融入其中，打造一个“好用”、令使用者记忆犹新的场景。

在创新场景维度上，我们主要注重第三空间的打造，将原本不相关的功能叠加到同一空间内，提高空间的实用性和趣味性，形成“创新 +”空间。

高感性的场景是创新区的灵魂，一个成功的创新区一定有令人记忆深刻的高感性场景，它透露出创新区的人文精神、创新态度，是创新区温度的体现。

高层级的业态

2.4　高层级的业态

融入产业业态的 15 分钟服务圈，让创新渗透生活

高层级业态的 X 项原则

2.4.1 创新业态：面向创新区特定需求的业态内容

1. 产业业态
2. 生活业态

2.4.2 多元设施：多元多样的创新服务设施

1. 产业业态
2. 生活业态

2.4.3 分级服务：满足不同层级的服务需求

1. 创新分级体系概述
2. 创新分级体系详解

小结

业态，
让创新区更丰富

随着时代的变迁，人们的生活方式也在发生变化。以前，工作是工作，生活是生活，二者可以区别开来，而随着社会的进步和产业的迭代更新，生活与工作的界限渐渐模糊。科学技术的飞速发展，让工作不再受限于固定形式，呈现出生活中有工作、工作中有生活的融合趋势。一种新的生活模式和工作方式正在悄然引领时代发展。如图 2-4-1 所示。

图 2-4-1 分级创新体系图示

生活业态和产业业态都不可或缺

埃因霍温高科技园被誉为欧洲最智慧的 1 平方千米，有超过 140 家入驻企业，聚集了来自超过 85 个国家的 10000 多名高科技人才，他们每天平均产生 4 项专利，占全荷兰专利的 40%。

埃因霍温高科技园主张开放式创新的知识体系，为研究机构提供了 2.5 万平方米的多用途实验室和洁净室、可靠性测试实验室和电磁兼容性实验室等；园区倡导开放合作，设施共享，运营方一年举办 500 多场次的活动，包含技术、商业、社交方方面面，很好地连接了园区的人们，让埃因霍温高科技园不仅成为了科技创新的高地，也形成了城市中的“社交圈”。不仅如此，埃因霍温高科技园实现了让 85 个国家的员工安居的目标。园区里有一个 0 ～ 4 岁儿童的幼儿园，教育语言是英语，学校教学质量很好。不仅如此，园区里还有一个设施完备的室内健身中心，室外的环境也非常优美，员工可以在这里慢跑、踢球。另外，埃因霍温高科技园在设计上将公共设施与办公楼完全分开，建设了“The Strip”——1 个 400 米长的建筑，涵盖 8 个不同主题的餐厅、1 个会议中心、一系列商店和服务机构、健身中心，集中促进联系、交流、知识分享与合作。

构建业态服务圈层

工作与生活的融合已经成为如今的趋势，创新区中的业态也在逐渐丰富和系统。隆德科学城（The Science City of Lund）的配套服务区域位于两大科学装置之间，称为斯堪的纳维亚科学村（Science Village Scandinavian）。之所以称为“村”，是因为其规模较小，仅有不足 0.2 平方千米，但却是提供综合服务和承载各类研发机构、企业的核心区域。考虑到科研人员对于便捷到达和短期停留工作的需求，在建设中的有轨电车站点周边都规划了兼有酒店、公寓、餐饮功能的综合服务中心，以利用紧凑布局实现服务效率的最大化。值得一提的是，在有限的空间内，科学村还规划建设了一座科学博览中心，用于展示科学城科研装置的建设历程及最新的科学研究成果，并提供了会议会展等交流功能和音乐厅等市民文化功能。

如今的科技园，已不是只有产业的孤岛，而与城市的互动越来越密切，科技园正在向科技城蜕变，因此现在我们也要以营城思想来打造创新区，将生活业态与产业业态纳入创新区的基本服务范畴，满足当下年轻人对新的工作与生活方式的崭新要求。

浙江省已经率先将“未来社区”[12] 写进政府工作报告，提出未来邻里场景、未来教育场景、未来健康场景、未来创业场景、未来建筑场景、未来交通场景、未来低碳场景、未来服务场景和未来治理场景九大场景，这是大势所趋。作为创新区设计者，我们不禁思考：未来的创新区场景，会是什么样子？

创新业态是未来趋势

首先，未来的创新区一定要植入面向创新区特定需求的创新业态，面向创新区所有使用主体，如众创空间、研发中心、创业服务中心等，为初创团队提供展示路演、创业培训等场地与机会，打造开放的、活力的创新环境。

其次，未来创新区要配备多元化的创新服务设施，如满足企业自身研发、中试、检测等基础需求的研发平台等。

另外也要注重设置生活服务设施，引入医院、派出所等生活配套，构建产业功能与城市功能相辅相成的创新区。按照创新细胞、创新街坊、创新社区，构建 5 分钟、10 分钟、15 分钟的创新分级体系，全方位地覆盖科技人才的日常工作与生活需求。

2.4.1 创新业态：面向创新区特定需求的业态内容

创新区是城市的功能区，是可以充分满足创新人才居住、生活、游憩、创业、娱乐等服务的社区，创新区内的业态是影响社区品质、提升凝聚力和归属感的关键要素。当代年轻人的“上楼工作，下楼生活”的新模式，也改变着创新区的业态服务，既有生活业态又有产业业态是创新区不同于其他城市功能区的显著特征。为营造创新氛围，在这里，创新人才既可以享受到丰富的日常生活业态，娱乐、购物、消费、零售等，也可以使用各种各样的产业业态，交流、会议、展示等，各种各样的业态服务，让创新发生的形式呈现多样化。

创新区是汇集各种创新要素的空间集聚体，面向创新企业、创新机构及创新人群，需要提供有别于传统服务的业态内容，这些创新业态共同支撑起创新区催生创新的基础土壤，从产业与生活两个维度，从市场平台、创业孵化、展示交流、智慧管理、科教文体、商业娱乐、医疗健康及社区服务八个方向，全面营造创新区服务。如表 2-4-1、表 2-4-2 所示。

1. 产业业态

表 2-4-1 产业业态内容

业态大类	业态细类		
市场平台	研发类	促进类	服务类
创业孵化	培训类	孵化类	扶植类
展示交流	展示类	交流类	体验类
智慧管理	数据类	政务类	智能类

2. 生活业态

表 2-4-2 生活业态内容

业态大类	业态细类		
科教文体	教育类	文化类	体育类
医疗健康	休养类	医疗类	健康类
商业娱乐	餐饮类	娱乐类	零售类
社区服务	行政类	市政类	交通类

2.4.2 多元设施：多元多样的创新服务设施

产业业态通过市场平台设施、创业孵化设施、展示交流设施，以及智慧管理设施实现产业创新服务，生活业态通过科教文卫设施、医疗健康设施、商业娱乐设施及社区服务设施满足创新区生活服务需求。

1. 产业业态

市场平台设施

为企业发展提供载体平台的设施，帮助企业解决技术环节、产权保护、应用转化等服务需求，包含研发类设施、促进类设施和服务类设施。如表2-4-3所示。

研发类设施：为企业解决技术难关的平台设施，如检测平台、研发实验室、科研中心等。

促进类设施：提升企业市场对接能力，强化产品市场应用能力的设施。

服务类设施：提供企业资金、人才、管理、产权保护等的服务设施。

表 2-4-3 市场平台设施

市场平台设施	研发类	产业检测平台	安全性评价中心
		共享实验室	技术研究所
		研发实验室	科研中心
		应用科学研究院	……
	促进类	产学研转化中心	技术转移转化中心
		专家智库平台	……
		离岸创新中心	……
		产业促进中心	……
	服务类	公共技术平台	认证服务中心
		知识产权保护	法律咨询
		人力资源中心	产品设计
		投融资服务	……

创业孵化设施

为创业企业提供成长的平台设施，帮助创业团队实现从初创到成熟的服务内容，包含培训类设施、创业类设施和支撑类设施。如表 2-4-4 所示。

培训类设施：为创业团体提供人才管理、技能培训、拓展市场能力的平台设施。

创业类设施：为创业团队提供从苗圃、众创、孵化到加速的平台设施。

扶植类设施：为创业团队提供成长过程中的扶植类设施。

表 2-4-4 创业孵化设施

创业孵化设施		
培训类	创新学院	技能培训中心
	实训基地	……
	虚拟大学	……
	离岸研究生院	……
创业类	苗圃中心	创新中心
	众创空间	种子工坊
	孵化器	创业自习室
	加速器	……
扶植类	科技风投中心	创业协作平台
	种子基金中心	一站式服务中心
	创新服务平台	……
	天使扶植机构	……

展示交流设施

为企业面向公众的展示互动、交流成长、体验交互提供平台，强化企业对接市场能力，拓宽企业市场知名度，包含展示类设施、交流类设施和体验类设施。如表 2-4-5 所示。

展示类设施：为企业提供面向大众的展示服务。

交流类设施：为企业之间学术交流、技术共享提供服务的平台设施。

体验类设施：为企业的新产品提供体验服务的平台设施。

表 2-4-5 展示交流设施

展示交流设施		
展示类	展示中心	文化展示墙
	博览馆	智慧展厅
	企业示范中心	……
	会展中心	……
交流类	学术交流中心	多媒体报告厅
	会议中心	发布论坛
	路演平台	……
	露天交流空间	……
体验类	人工智能体验中心	智慧体验中心
	3D 视觉实验室	科创体验廊
	虚拟产品中心	……
	科技体验馆	……

智慧管理设施

为企业的智慧化服务提供便利，包括数据中枢的管控、政府服务和智能设施的管理。如表 2-4-6 所示。

数据类设施：运用数字孪生，收集分析数据用于智慧化管理反馈。

政务类设施：为企业提供近距离的党政监管等政府服务。

智能类设施：最大化便利创新区，创造智能化智慧化的服务管理体系。

表 2-4-6 智慧管理设施

智慧管理设施	数据类	数字孪生城市大脑	数据分析中心
		数据中心	……
		数字交易平台	……
		5G 创新中心	……
	政务类	党政服务中心	企业服务中心
		市场监管中心	税务大厅
		市民中心	……
		人才服务中心	……
	智能类	智慧交通管理	远程监护设备
		无人零售室	全息影像托管中心
		快递机器人	智能快件收发站
		智慧安防	……

2. 生活业态

科教文体设施

为创新区居民提供高品质的教育类设施、文化类设施和体育类设施，丰富知识人群的日常文化生活。如表 2-4-7 所示。

教育类设施：构建从幼儿到大学的全阶段教育体系。

文化类设施：为居民提供便利的文化活动场所。

体育类设施：倡导运动社区，设置多类型的体育活动设施。

表 2-4-7 科教文体设施

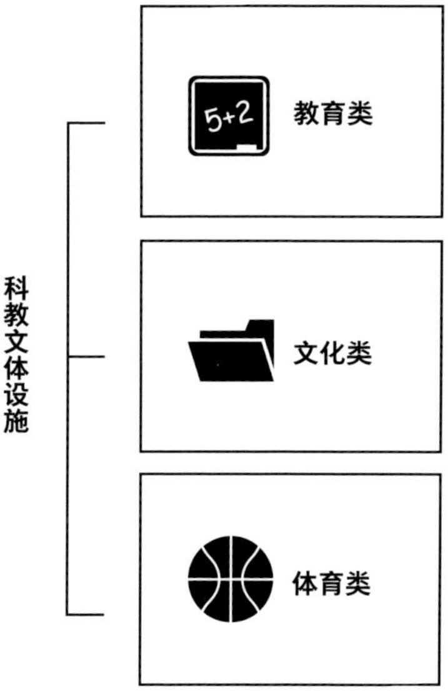

教育类

早教中心	初中
幼儿托管中心	高中
幼儿园	高等学府
小学	……

文化类

24 小时阅览室	老年文化室
城市书房	社区文化中心
图书馆	……
文化馆	……

体育类

健身工作室	室内运动场
社区活动中心	体育馆
青少年活动中心	……
运动场	……

医疗健康设施

为创新区居民提供高品质的医疗类设施、健康类设施和休养类设施，保障居民的身心健康。如表 2-4-8 所示。

医疗类设施：基本的医疗配套，对居民的身体健康负责。

健康类设施：为居民提供生活上的便利，提供一些日常所需的健康服务。

休养类设施：提供高端健康服务，满足特定人群需求。

表 2-4-8 医疗健康设施

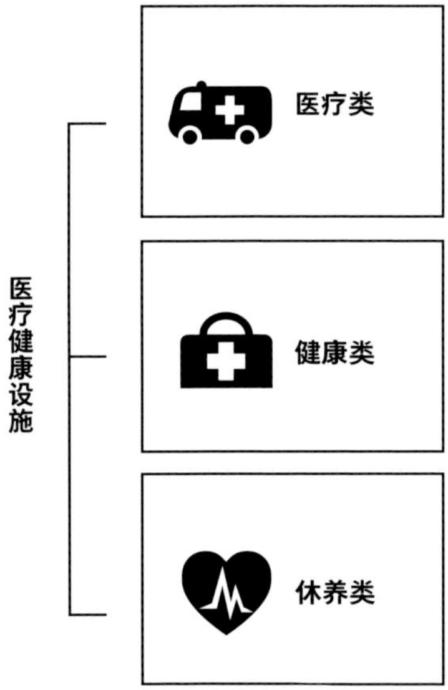

医疗类	24 小时药店	护理中心
	邻里门诊	急救中心
	社区医疗中心	综合医院
	社区医院	……
健康类	康复中心	护理中心
	老年日间照料中心	卫生站
	社区健康服务中心	……
	大数据诊疗中心	……
休养类	美体中心	母婴中心
	美容机构	……
	疗养会馆	……
	月子会所	……

商业娱乐设施

满足居民多种多样的商业娱乐活动，包括餐饮类设施、零售类设施和娱乐类设施。如表 2-4-9 所示。

餐饮类设施：汇集多种餐饮业态，提供多种饮食选择。

零售类设施：提供从便利店至商业综合体多层级的便民零售服务。

娱乐类设施：满足居民娱乐活动。

表 2-4-9 商业娱乐设施

商业娱乐设施	餐饮类	轻食便利店	啤酒花园
		西餐厅	集食广场
		中餐酒楼	……
		美食街	……
	零售类	生鲜超市	购物中心
		便利店	杂货店
		邻里中心	商业综合体
		洗衣店	……
	娱乐类	影剧院	科技体验馆
		游乐场	滑冰场
		儿童乐园	……
		动植物公园	……

社区服务设施

为居民提供基础保障的行政类设施、市政类设施和交通类设施。如表 2-4-10 所示。

行政类设施：提供便民的党政社区服务设施。

市政类设施：提供基础的市政供应设施。

交通类设施：提供慢行主导的公共交通服务设施。

表 2-4-10 社区服务设施

社区服务设施		
行政类	居委会	司法所
	派出所	人民法院
	社区街道中心	……
	街道办事处	……
市政类	消防站	加油站
	邮政所	垃圾回收 / 转运站
	燃气供应站	公共厕所
	充换电站	……
交通类	公交首末站	公交站
	机动车停车场	出租车停靠点
	轨道站点	……
	非机动车停车场	……

2.4.3 分级服务：满足不同层级的服务需求

我们把创新业态划分为 5 分钟、10 分钟、15 分钟服务圈，按不同等级对应不同规模的业态服务，实现产业服务与生活服务的全覆盖。

1. 创新分级体系概述

5 分钟服务圈——创新细胞

服务半径：300 ～ 500 米

服务人口：1 万～ 2 万人

服务目标：以步行 5 分钟所能到达的产业邻里中心，为多种创新个体与初期萌发的创业团队提供近距离的创新服务。

10 分钟服务圈——创新街坊

服务半径：500 ～ 800 米

服务人口：3 万～ 5 万人

服务目标：以步行 10 分钟可满足其基本物质与生活文化需求为原则划分的范围；随着片区规模的增大，融入多种人群与企业主体，服务多元化。

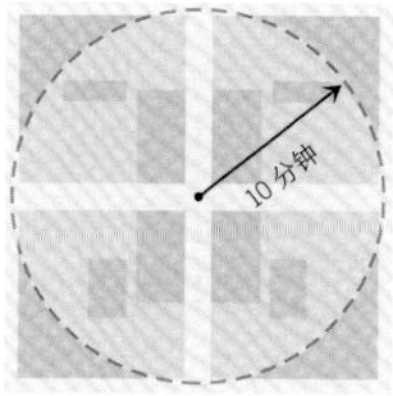

15 分钟服务圈——创新社区

服务半径：800 ～ 1500 米

服务人口：5 万～ 10 万人

服务目标：以步行 15 分钟可满足其物质与生活文化需求为原则划分的范围，城市功能变得复合，配套规模化，需要配置高层级的服务内容。

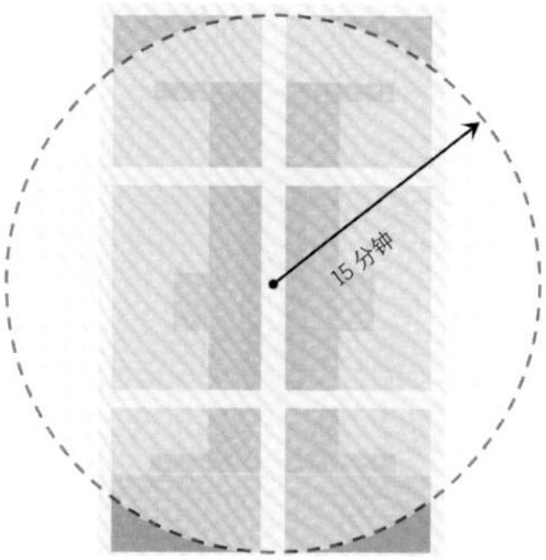

2. 创新分级体系详解

5 分钟服务圈——创新细胞

如表 2-4-11 所示。

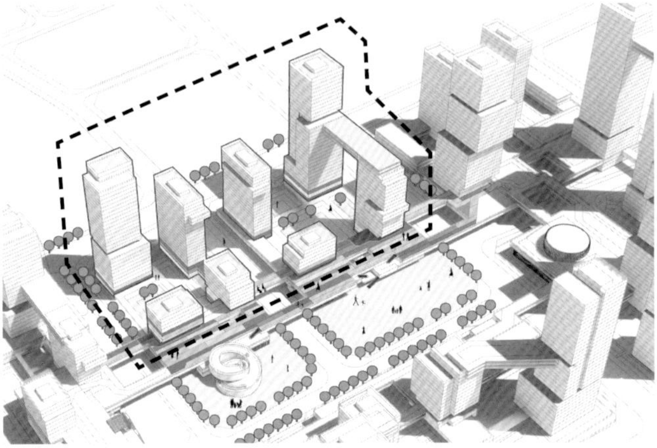

表 2-4-11 5 分钟服务圈业态内容

5 分钟服务圈——创新细胞					
产业业态	市场平台	—	生活业态	医疗健康	24 小时药店
	创业孵化	创业自习室			母婴中心
		种子工坊			老年日间照料中心
	展示交流	露天交流空间			卫生站
	智慧管理	智能快件收发站			洗衣店
		快递机器人		商业娱乐	便利店
		无人零售室			生鲜超市
生活业态	科教文体	早教中心			洗衣店
		幼儿托管			杂货店
		幼儿园		社区服务	居委会
		24 小时阅览室			垃圾回收 / 转运
		青少年活动站			停车场
		老年文化室			公共厕所
		健身工作室			公交站

10 分钟服务圈——创新街坊

如表 2-4-12 所示。

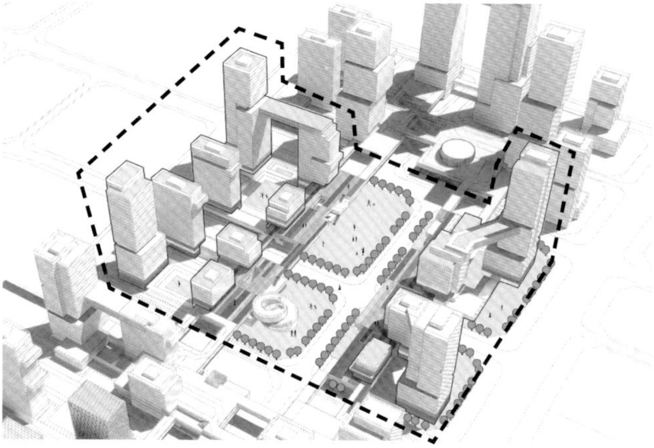

表 2-4-12 10 分钟服务圈业态内容

10 分钟服务圈——创新街坊		
产业业态	市场平台	共享实验室
	创业孵化	苗圃中心
		众创空间
	展示交流	多媒体报告厅
		路演平台
		科技体验廊
		企业示范中心
	智慧管理	党政服务中心
		全息影像管理中心
		企业服务中心
生活业态	科教文体	小学
		城市书房
		室内运动场地
		初中
生活业态	医疗健康	社区活动中心
		邻里门诊
		疗养会馆
		美容机构
	商业娱乐	集食广场
		餐厅酒楼
		邻里中心
		儿童乐园
		社区街道中心
		燃气供应站
	社区服务	充换电站
		出租车停靠点
		公交首末站
		银行网点

15 分钟服务圈——创新社区

如表 2-4-13 所示。

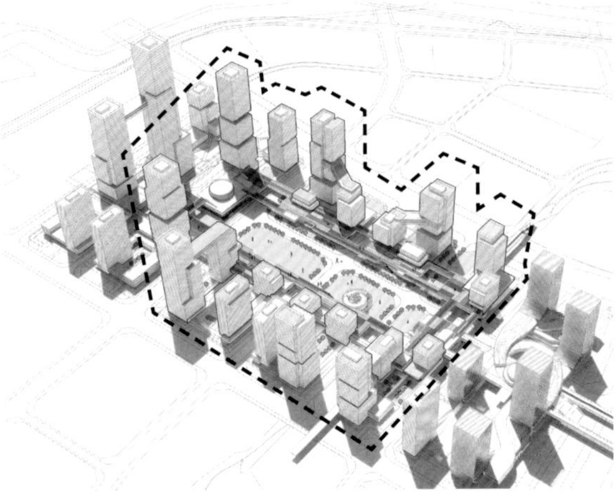

表 2-4-13 15 分钟服务圈业态内容

<table>
<tr><th colspan="6">15 分钟服务圈——创新社区</th></tr>
<tr><td rowspan="16">产业业态</td><td rowspan="12">市场平台</td><td>投融资服务</td><td rowspan="16">产业业态</td><td rowspan="8">展示交流</td><td>展示中心</td></tr>
<tr><td>认证服务中心</td><td>博览馆</td></tr>
<tr><td>公共技术平台</td><td>会展中心</td></tr>
<tr><td>知识产权保护</td><td>发布论坛</td></tr>
<tr><td>专家智库平台</td><td>会议中心</td></tr>
<tr><td>技术转移转化中心</td><td>学术交流中心</td></tr>
<tr><td>产业促进中心</td><td>科技体验馆</td></tr>
<tr><td>产学研转化平台</td><td>虚拟产品中心</td></tr>
<tr><td>研发实验室</td><td rowspan="8">智慧管理</td><td>数字孪生城市大脑</td></tr>
<tr><td>科研中心</td><td>数字交易平台</td></tr>
<tr><td>技术研究所</td><td>市民中心</td></tr>
<tr><td>产业检测平台</td><td>市场监管中心</td></tr>
<tr><td rowspan="4">创业孵化</td><td>创新学院</td><td>智慧管控</td></tr>
<tr><td>孵化器</td><td>……</td></tr>
<tr><td>加速器</td><td>……</td></tr>
<tr><td>技能培训中心</td><td>……</td></tr>
</table>

续表

生活业态	商业娱乐	美食街	生活业态	科教文体	学校
		商业综合体			图书馆
		购物中心			社区文化中心
		影剧院			动植物公园
		游乐场			科技体验馆
		……			文化馆
		……			运动场
	社区服务	街道办事处			体育馆
		派出所		医疗健康	社区医疗中心
		消防站			护理中心
		加油站			急救中心
		司法所			综合医院
		人民法院			月子会所
		电信网点			康复中心
		……			大数据诊疗
		……			社区健康服务

小结

本节重点探讨了如何通过高层级的业态来设计创新区，我们将高层级的业态划分为两个主要维度：产业业态维度、生活业态维度。

在产业业态维度里，强调引入满足种子企业、初创企业、成长企业及成熟企业所需要的业态。搭建促进企业发展的市场平台，为初创团队与中小企业提供创业孵化器；搭建展示交流平台，为全行业提供沟通学习的机会；引入智慧管理系统，更好地管理创新区；顺应未来的发展趋势，并设计 5 分钟、10 分钟、15 分钟的产业服务圈层，合理布局产业服务设施。

在生活业态维度里，强调布局完善的多样化生活业态，满足使用者的生活需求。布局科教文体设施来丰富使用者的文化生活；布局医疗健康设施为使用者的身体健康保驾护航；布局商业娱乐设施，满足使用者的娱乐需求；布局社区服务设施，构建良好的创新区生活环境。我们同样为生活设施设计了 5 分钟、10 分钟、15 分钟的生活服务圈层，合理配置生活服务设施。

高层级的业态是创新区的内容填充，我们将高层级的业态与空间相联系，将生活服务与产业服务相结合，打造功能布局合理的创新区。

高便捷的体验

2.5 高便捷的体验

万物互联时代的创新区营造——空间无碍、信息无阻

高便捷体验的 X 项原则

2.5.1 高效交通：搭建慢行主导的便捷出行体系

1. 聚焦 TOD 的站点开发
2. 倡导公共交通全覆盖
3. 打造步行全渗透
4. 构建慢行微循环

2.5.2 智慧城市：运用“1”+“2”+“*N*”为智慧化生活方式提供支撑

1. “1”：城市智慧大脑
2. “2”：数据设备中心与数据处理中心
3. “*N*”：智慧应用场景
4. “智慧城市”框架体系

小结

万物互联
智慧城市

你幻想过像科幻电影里一样生活吗?

清晨起床，电视里自动为你播放着定制化的节目；搭乘无人驾驶的汽车上班，路上收听城市中正在发生的新闻；中午，手机根据你所在的地点为你进行实时的餐厅信息推送；晚上回家再也不用担心安全问题，城市互联的监控与人脸识别系统实时向公安部门反馈……

这一切都在慢慢成为现实。

城市在向智能化迈进

哥本哈根（Copenhagen）是全球十大智慧城市之一。2014 年，哥本哈根被评为全球最宜居的城市，不仅如此，它也在创新的各个方面积极作出尝试。哥本哈根是全球智慧城市的先行者，这个城市专门搭建了智慧城市的项目孵化器（Copenhagen Solutions Lab），与政府、地方及企业、学术机构合作，共同创建和测试新的想法与技术方案，探索智慧城市的未来。

哥本哈根对智慧城市的实践与理念十分值得我们学习。哥本哈根的智慧城市秉承着自由与开放使用的基本原则，其开放数据平台允许全部市民访问，在这里，可以找到关于城市交通、基础设施和文化活动等相关数据。通过这些数据可以知道，人们去了哪里、有多少人聚集、城市里有多少咖啡厅，等等。不仅如此，哥本哈根还希望达成城市数据交换的目标，通过城市数据交换，实现让各种用户，包括市民、公共机构、企业之间购买、销售和分享范围广泛的数据类型。为此，日立咨询（Hitachi Consulting）帮助哥本哈根搭建了一个创新平台，这个项目有望助力哥本哈根在 2025 年成为第一个碳中和城市，并且为城市带来新的商机。另外，哥本哈根联合安特卫普（Antwerp）和赫尔辛基（Helsinki）打造了一个城市互联网平台，以更好地实现未来城市的互联。

智慧城市将改变人的生活方式

哥本哈根还将街头实验室安置在熙熙攘攘的中心街道，演示这些技术对于公民、决策者和企业的应用潜力，便于专业人士对方案进行评估和选择。在这些对于智慧城市的实践之外，哥本哈根还举办“下桥”研讨会，进行数字产品技术的研讨，连接企业与个人，提供交流与学习的机会，促进智慧城市的发展。

什么是智慧城市？我所理解的智慧城市，就是整个城市“认识”你。通过传感器与 5G 网络，将物联网、云计算、大数据设备等连接起来，让城市与人能够产生互动。

越智慧，越高效

那么智慧城市都包含哪些方面呢？我们可以将智慧城市拆解成为“1”+“2”+“N”体系，就是一个城市智慧大脑、两个数据中心——数据收集中心和数据处理中心，N 个云应用——包括智慧政务云、智慧公安云，等等。城市智慧大脑是智慧城市的核心，它对数据进行高效汇集，统一整合，在城市层面对各部门指挥调配。两个数据中心则是数据储存、计算的载体，直接与生活中的云应用场景相联系。

智慧城市让未来的创新区在信息上能够达到“万物互联”，而除了信息上的无阻以外，未来创新区在空间上也要做到畅通无碍。说到生活感受或工作感受，交通是不可避开的话题，高效的交通会提升使用者的幸福感。因此，未来创新区一定要搭建慢行主导的便捷出行体系，构建集约、环保、可达性高的创新区交通网络。

“万物互联”的概念在技术的不断进步下已经慢慢走进现实，随着技术的不断发展，在不久的未来，我们将会实现人与城市的互动。

2.5.1 高效交通：搭建慢行主导的便捷出行体系

1. 聚焦 TOD 的站点开发

日本地铁站点周边 500 米范围内居住人口覆盖率为 52%，800 米范围内居住人口覆盖率为 79%；香港地铁站点周边 500 米范围内聚集全港 45% 的人口和 70% 的就业人口。创新区轨交站点是人流汇集的空间引擎，规划倡导围绕轨交站点进行综合集约开发，强化交通效率。如图 2-5-1 所示。

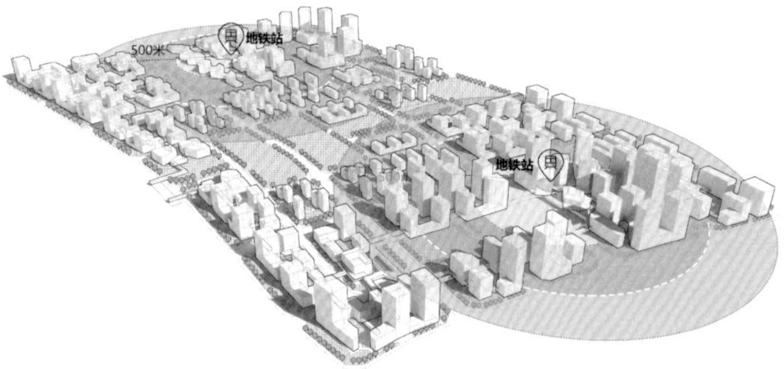

图 2-5-1 TOD 辐射范围示意

2. 倡导公共交通全覆盖

公共交通成为创新区的主要模式，倡导公交体系的全覆盖，便捷地铁与公交的换乘接驳，减少私家车辆，最大化出行效率。如图 2-5-2 所示。

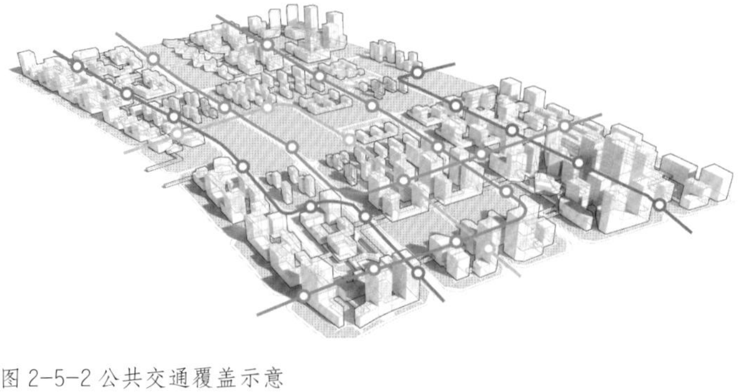

图 2-5-2 公共交通覆盖示意

创新伊始，交通先行，一个良好的交通环境会使创新区的使用感更加顺滑。高效的交通打通了创新区内部，提高了创新区内各点的可达性，保证了创新区内空间上的无障碍交流。在设计创新区时，我们以轨交站点为中心集中开发，将公共交通网络铺满创新区内部，并且打造慢行友好的步行全渗透交通网络，注重人的体验感，打造一个空间上开放、共享、高效的创新区系统。

3. 打造步行全渗透

创新区倡导街区开放，让每个街区都可以进行步行渗透与人行交流，无论是用地面步行体系还是地上连廊，都追求便捷的步行可达性。如图 2-5-3 所示。

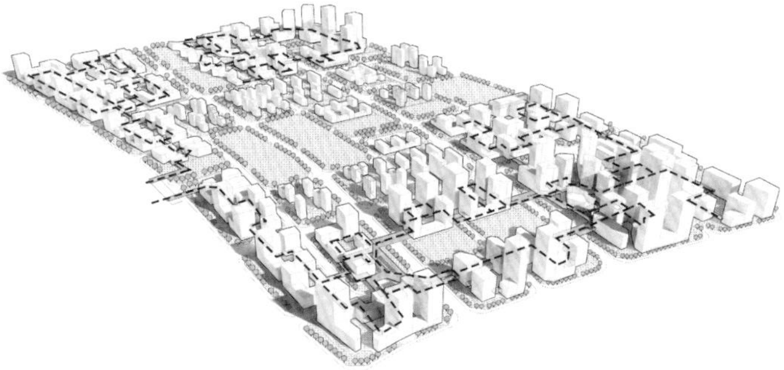

图 2-5-3 步行系统示意

4. 构建慢行微循环

通过人行空间、骑行空间与车行道路匹配的规划，构建全域慢行循环。如图 2-5-4 所示。

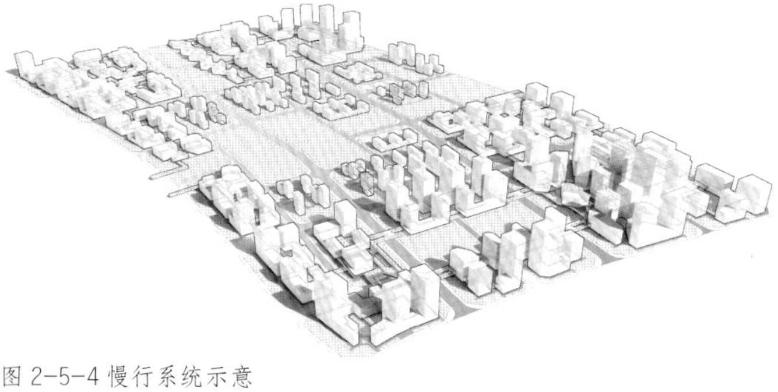

图 2-5-4 慢行系统示意

2.5.2 智慧城市：运用“1”+“2”+“N”为智慧化生活方式提供支撑

创新区面向新时期的年轻人，强调便捷高效，打造智慧化生活方式正是创新区区别于传统社区的重要方面。通过研究目前市场上智慧城市供应商的架构体系，我们以华为智慧城市体系为原型，提出智慧城市是一个以智慧大脑为核心、数据收集与处理中心为支撑，创造多个生活工作智慧应用场景，从而构建一套智慧城市必备的“1”+“2”+“N”解决方案，以此实现创新区内信息交流上的畅通无阻。如图 2-5-5 所示。

“1”：一个城市智慧大脑。

“2”：两个中心，数据收集中心与数据处理中心。

“N”：N 朵云应用，包括智慧政务云、智慧公安云、智慧交通云、智慧城管云、智慧环保云……

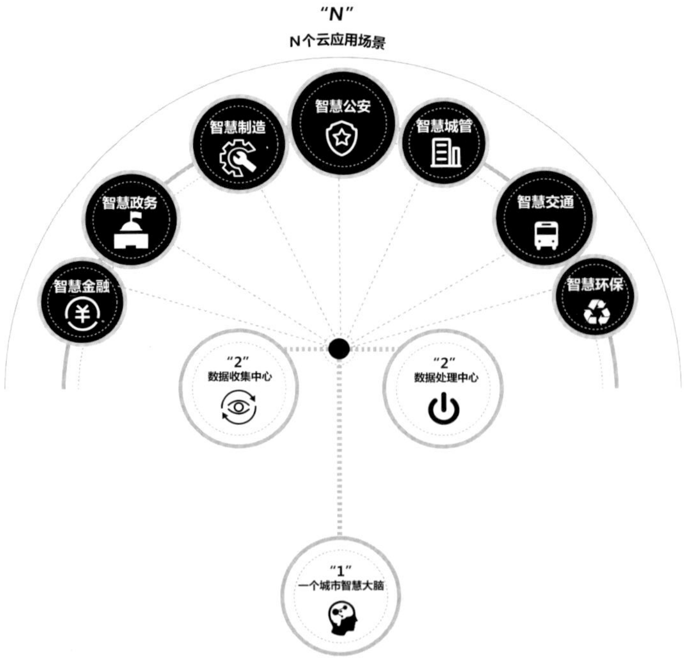

图 2-5-5 智慧城市体系示意

1.“1”：城市智慧大脑

城市智慧大脑是未来城市的核心基础设施，它作为智慧城市的“神经中枢”，高效汇聚海量数据，通过“神经中枢”整合不同行业割裂的数据和能力，展示出数据汇聚和融合的价值，并展示跨部门协调指挥的作用。

平台包含云计算、大数据、人工智能、物联网、地理信息、云安全等主要模块，具备数据采集、数据交换、超大规模计算、数据分析、数据应用、数据安全等能力，实现了智慧城市建设中各单元的系统与数据的统一管理与运营，解决了城市数据孤岛、数据资源沉睡等问题，是目前最符合国内智慧城市建设现状的城市核心数据平台之一。如图 2-5-6 所示。

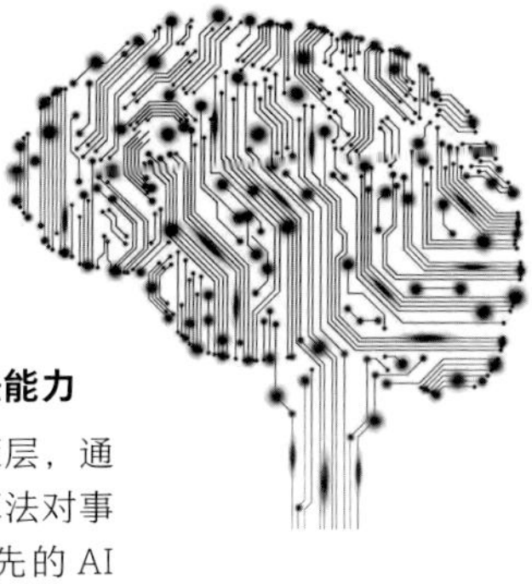

图 2-5-6 智慧大脑承担功能

2.“2”：数据设备中心与数据处理中心

数据设备中心

用来容纳计算机系统和相关设备的复杂设施。它不仅是智慧城市整体数据存储和计算的载体，也是用来实现智慧城市信息交互的设施。从小微型数据中心到中大型数据中心，有着丰富的产品布局，可以满足智慧城市不同场景的应用。

数据处理中心

系统运维：对智慧城市运行相关的数据中心设施、指挥中心设施、应用前端设施及其他相关设施等，进行 7×24 小时监测及维护服务，为政府部门统筹协调提供运维支持，保障智慧城市平稳运行。

系统运营：对智慧城市运行产生的各类数据进行规范并利用，通过从各政府职能部门、公共设施、社会单位、居民生活中采集数据并加以分析，用数据成果来改进政府、企业、个人的生产方式和生活方式，提高办公、生产效率。

3. “N”：智慧应用场景

如图 2-5-7 所示。

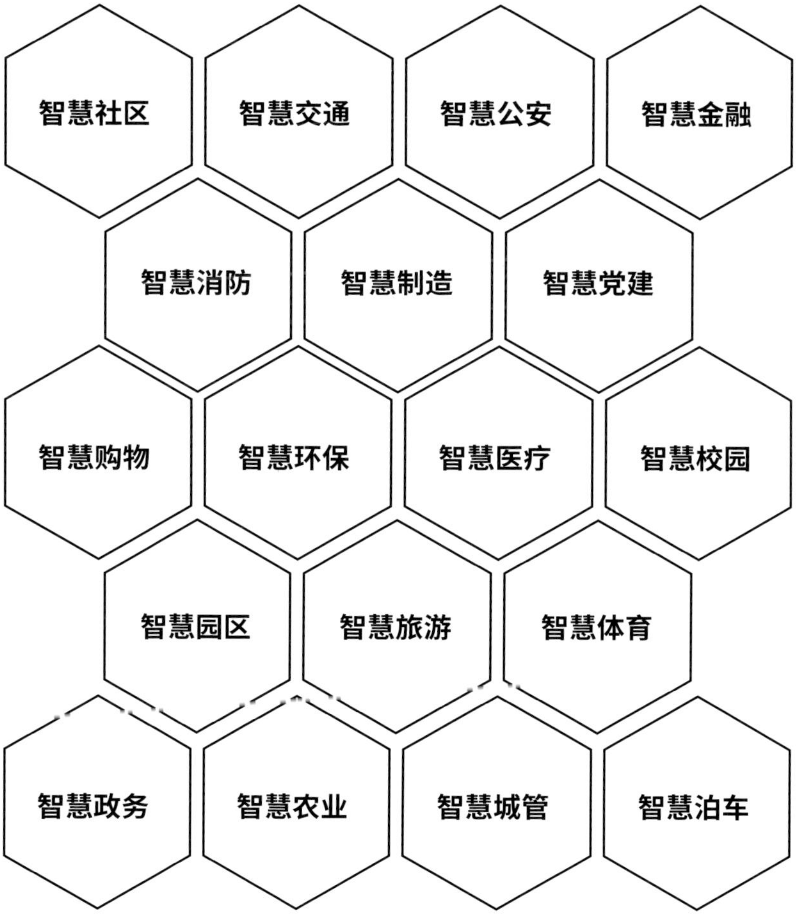

图 2-5-7 智慧应用场景

4. “智慧城市”框架体系

如图 2-5-8 所示。

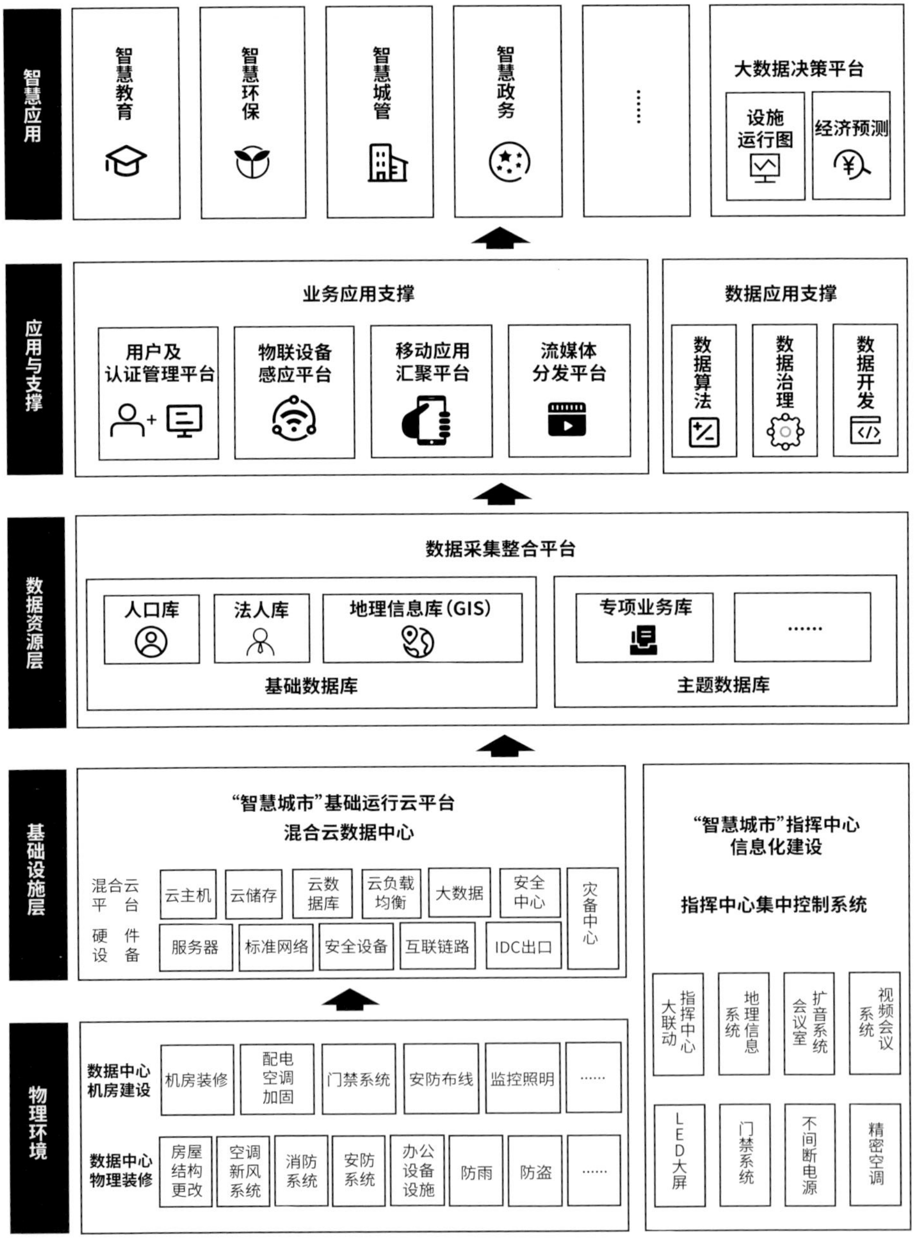

图 2-5-8 “智慧城市”框架

小结

本节重点探讨了如何通过高敏捷的体验来设计创新区，我们将高敏捷的体验划分为两个主要维度：交通敏捷维度和智慧敏捷维度。

在交通敏捷维度里，我们提高轨交站点的覆盖率，围绕轨交站点集约开发，对创新区内交通进行快慢分离，鼓励公共交通的运行，鼓励慢行交通的发展，打造以人为本、步行友好的交通体系。

在智慧敏捷的维度里，我们搭建创新区的智慧服务管理系统。搭建“1”+“2”+“N”的智慧化解决方案，让信息畅通无阻的交流共享。我们也在探索智慧城市在创新区中应用的可能，对未来创新区进行思考。

在万物互联的时代下，“链接”是产生创新最基本的要求。交通敏捷实现了创新区在空间上的联通，智慧敏捷实现了创新在信息上的联结。二者都是创新区未来发展的趋势。

第 3 章 | 运营，创新的活力与起点

3.1 联盟管理
3.2 生态管理
3.3 活力管理
3.4 空间管理
3.5 活动管理
3.6 开发管理

3.1 联盟管理

自下而上的非营利性组织
保障创新区的健康有序

面向创新区组织成立的非营利性机构，为创新区进行市场化发展提供有力保障。国际上发达的创新区都设置了各自的联盟组织，为创新区提供运营管理、产学研交流、知识产权保护、服务业态需求及空间使用管理等各方面服务，其目的在于维持创新区的持续活力，保证创新生态的健康运行。例如：波士顿肯德尔广场的工业联盟要求区域内至少保留 10% ～ 15% 的初创与中小型企业，以保障创新生态，并为不同群体提供多样化的住宅需求，如公寓、保障房等；硅环岛（Silicon Roundabout）科技城的产业联盟为区域内创业者提供资金技术支持，为创新提供扶植。如图 3-1-1 所示。

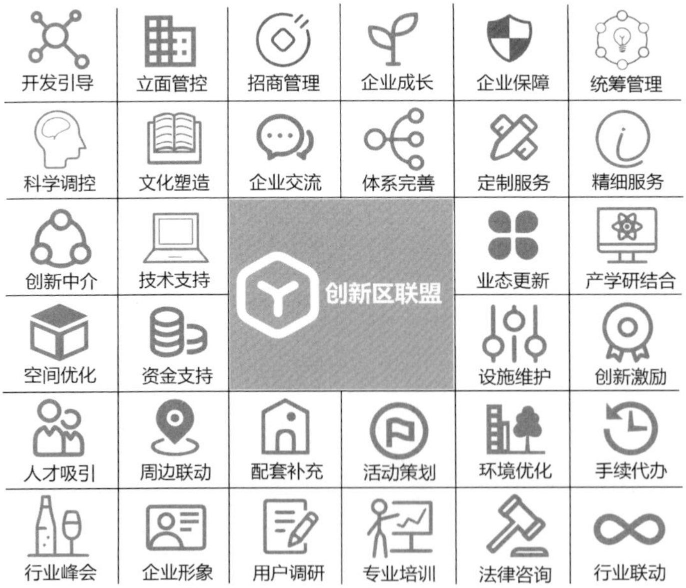

图 3-1-1 联盟管理内容

3.2 生态管理

动态平衡的创新生态体系
产生创新的持续动力

创新区的动态生态体系是由组成创新区各功能组团构成的，从提供创新源头的大学、科研院所或科学装置，到产生创新物种的初创企业，再到创新群落的研发集群、创新龙头的科技总部，以及各种孵化转化、科技金融、人文生活等业态服务的完整搭建，共同形成了创新生态体系。在这个体系当中，各组团相互补给支撑，构成了闭环完整的创新循环，保持创新生态体系的动态平衡是产生创新的持续动力。如图3-2-1、图3-2-2所示。

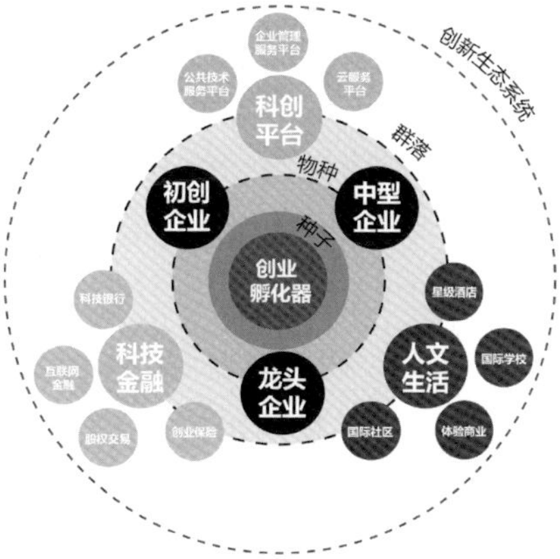

图 3-2-1 创新区生态系统示意

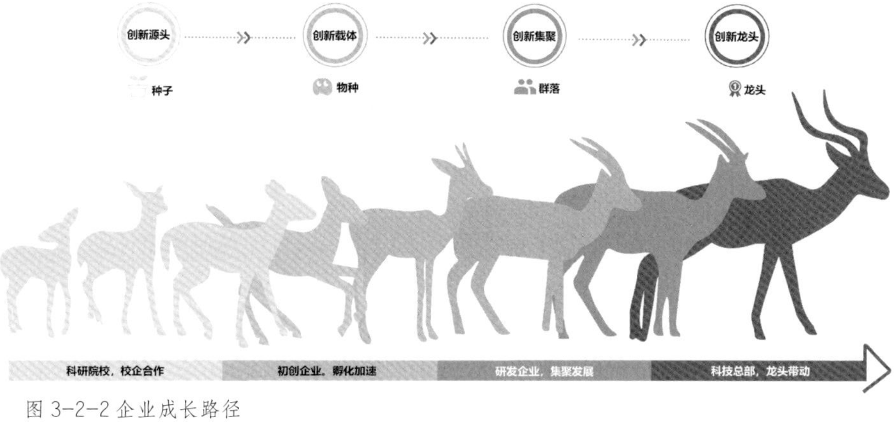

图 3-2-2 企业成长路径

3.3 活力管理

平衡各功能配比关系
保障创新区可持续发展

空间配比关系 —— 产：服：居 =1 ：1 ：1

产业空间：商务办公、研发办公等办公空间；

服务空间：包含生产性服务与生活性服务的空间；

居住空间：住宅、公寓等用于居住服务的空间。

通过对全球多个创新区进行研究，我们发现一个健全的创新区功能关系，体现在一定区域范围内满足产业、居住与服务等比例发展。波士顿肯德尔广场抑或是上海创智天地，乃至新加坡的纬壹科技城，空间功能的配比关系基本吻合。从波士顿肯德尔广场发展的经验可以看出，至少需要保持 15% 的创业空间才能支撑起创新区的微小企业活力。同时，为满足低收入人群及刚步入社会的青年人群的需求，需要提供约 30% 的保障用房或 SOHO/LOFT 形式的住宅[13]。如图 3-3-1 所示。

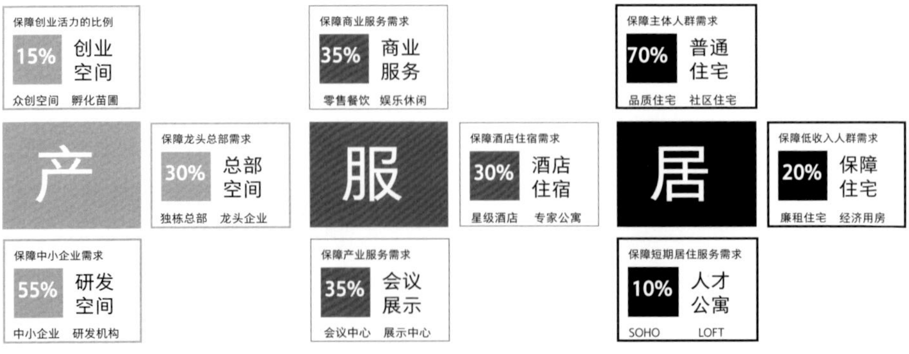

图 3-3-1 “产：服：居”空间配比

3.4 空间管理

激励与管控并存的空间使用
保障创新区空间环境

3.4.1 奖励容积率

鼓励开发主体为社会提供公共空间，通过奖励容积率的方式，补偿开发主体因公共空间建设而损失的建筑空间。如图 3-4-1 所示。

纽约经验：私有公共空间（Privately Owned Public Space, POPS）

对于在自己私有土地上提供公共空间的开发项目，可以在容积率以外给予额外的建筑面积奖励。在相同容积率条件下，后者比前者多为城市提供了一块公共空间，所以就能获得容积率奖励，奖励的面积最多可达到总面积的 20%。假设这块地容积率设定为 10，那么设置公共空间后，容积率最高可做到 12。纽约市已在 380 多个建筑中建造了 590 多个 POPS，为城市提供了超过 380 万平方英尺（约合 35 万平方米）的额外公共空间。

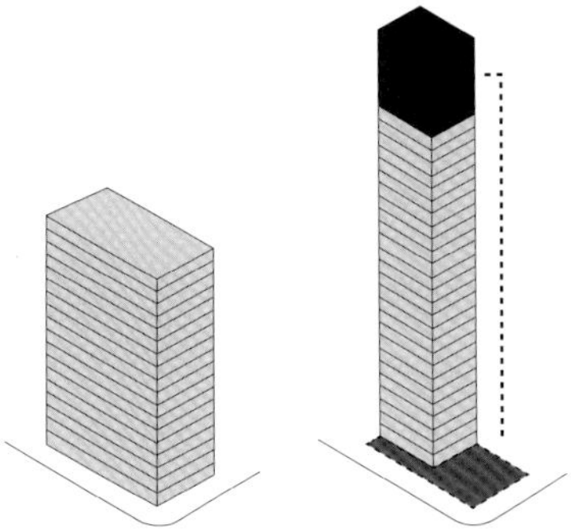

图 3-4-1 奖励容积率示意

3.4.2 鼓励绿色建筑建设

通过对绿色建筑的认证达标，对符合要求的绿色建筑开发主体进行奖励。如图 3-4-2 所示。

新加坡经验：底限管控与超限奖励的绿色建筑

自 2008 年 4 月起，新加坡所有新建筑和正在进行重大改造的现有建筑都必须获得国家绿色建筑评级体系（绿色标志认证项目）最低分数（能源效率至少取得 30 分，用水效率、环境保护、室内环境质量各至少取得 20 分），同时对于优秀项目进行现金奖励。

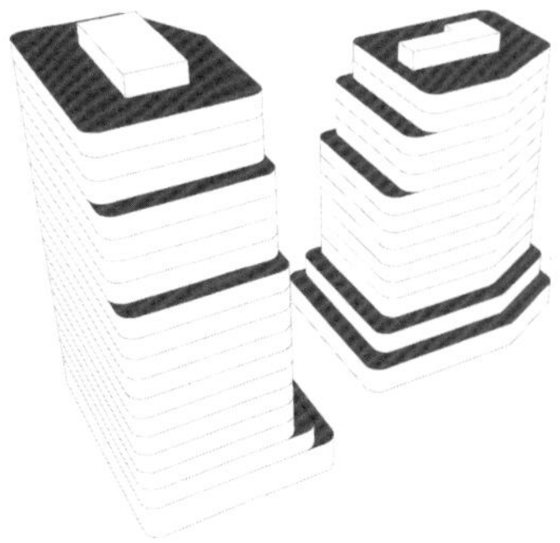

图 3-4-2 绿色建筑示意

3.4.3 激发社会化管理：商业改进区策略（Business Improvement District, BID）

政府或业主引进第三方对园区公共空间进行运营，通过对业主征收管理贯或对公共空间运营营利，保障公共空间最优利用，不断优化完善。如图 3-4-3 所示。

纽约经验：哈德逊广场（Hudson Yards）商业改进区策略

在哈德逊广场的运营中，BID 改善了街景：通过植物、涂鸦等打造安全、富有活力的街道，开展社区活动，如“万圣节游行”“商店寻宝”等，使人们更加了解自己工作、生活的区域。同时，BID 针对需优化和拓展的空间，与各方沟通达成建筑更新或新建项目。

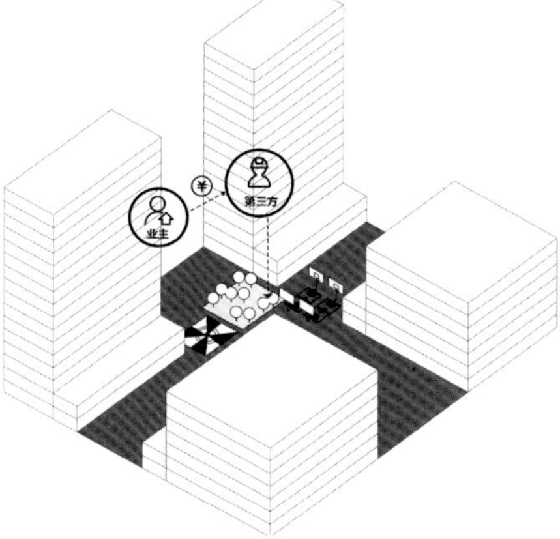

图 3-4-3 社会化管理手段示意

3.5 活动管理

植入标志性的科技艺术活动激发创新区乐趣

除了物理空间为创新的加持，保持片区的活力与乐趣是创新区能不断产生区域吸引力的关键，通过各种科技类、文化类、艺术类及创意类、体育类的活动，让创新区成为年轻活力的代名词，也成为凝聚家庭、青年、儿童的聚集中心。

科技发布活动

创新区是城市各种创新成果涌现的集中地，定期的科技发布活动是汇集各地企业与人才的良好契机。

会议展示活动

会议展示活动为创新区提供了成果交流的平台，也为企业与人才培训提供了集中的场地，是创新区内各种人才建立学术关系的途径。

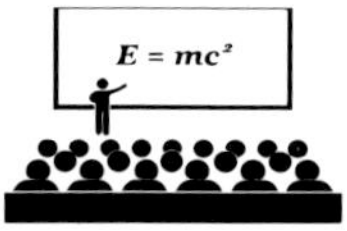

音乐艺术活动

音乐艺术活动大大丰富了青年人群的业余生活，也成为创新区的一种特殊吸引力，让创新区不再是纯粹的科技行为密集地，也成为崭新生活模式的宜居地。

集市节庆活动

集市节庆不仅面向创新区，也汇集了周边社群，为日常生活增添趣味性。

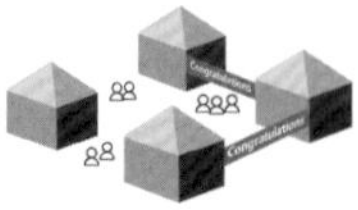

3.6 开发管理

有策略的由生至熟的开发引导保证创新区逐步繁荣

从创新区的建成到逐步成熟通常需要一定的触发引导路径，通过对大量创新区的研究，我们发现，创新区的触发大致可分为以下几类。一类为源头触发型：依托原有的大学、科研院所或科学装置，产生最初的创新源，由于创新源头可以为社会企业提供研发平台与攻克技术壁垒的服务，会吸引相当多的企业驻扎于此，从而形成创新集群。一类为龙头触发型：以龙头企业带来的大量科技人才为基础，以及吸引上下游相关企业的能力，从而形成创新区。一类为服务触发型：通过设立专门的检验检测等平台机构，为企业提供服务，或者是建立完善的商业配套服务，为周边社区补足服务为触发点，形成创新集群。还有一类是价值触发型：通过土地更新，将空间品质提升，从而实现企业集群与配套服务的完善。

源头触发型

第一步：大学机构
第二步：企业集群
第三步：配套服务

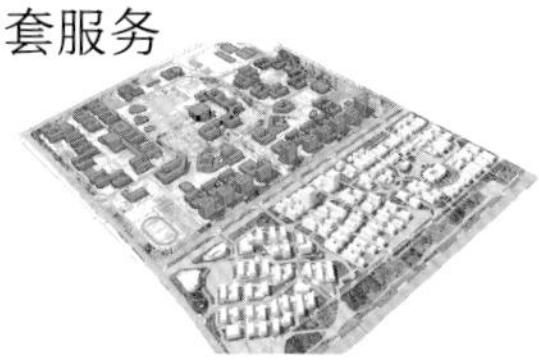

龙头触发型

第一步：龙头企业
第二步：企业集群
第三步：配套服务

服务触发型

第一步：配套服务
第二步：企业集群
第三步：研发平台

价值触发型

第一步：土地更新
第二步：企业集群
第三步：配套服务

第 4 章 | 创新力指数的解析与评判

4.1 评判总则：
基于设计创新区五项原则的评判标准
4.2 评判呈现：创新空间风玫瑰
4.3 评判细则
4.4 评判示例

4.1 评判总则：基于设计创新区五项原则的评判标准

我们在前述章节中通过国内外案例的学习与借鉴，具体阐述了创新区的设计准则，通过高密度的混合、高频度的交流、高感性的场景、高层级的业态及高敏捷的体验，详细呈现了创新区的空间设计特征。

本章，我们将以这五项原则为基础，提出创新区评判标准的详细列表和评分系统，以便为评估创新区提供判断的依据，找到其空间的不足，以及提升的方向。

通过建立这套评判标准，我们可以很容易地识别出创新区空间品质的高低。通过创新区空间上的混合度、交流发生的频率、场景的多样性、业态的丰富度、交通与信息的通畅度来综合评判创新区。

我们首先对每一维度设置了详细的问题，再根据问题的重要程度对其进行赋分，通过测算总分值，绘制出创新区的“创新空间风玫瑰图”。“创新空间风玫瑰图”可以直观地看出创新区在每一维度上的优劣状况，距离中心点越远，说明在这一维度上创新区的分值越高、状态越好，反之亦然。另外，我们也可以通过“创新空间风玫瑰图”的面积来为创新区进行综合打分，“风玫瑰”面积越大，证明创新区的综合分值越高，这套标准便于将不同创新区归纳到同一套体系下讨论、比较与打分。

通过这套标准，我们可以更直观地了解不同使用者眼中创新区的空间品质，面向不同使用者的诉求，对创新区进行升级，促进其健康发展。

4.2 评判呈现：创新空间风玫瑰

通过对五项原则设置相同分数，赋予每个权重 20% 的比例，以总分 100 分的形式对创新区进行打分，既可以看出单个创新区在每个单项上的评分差异，也可以总分比对不同创新区的得分差异，最终形成创新空间风玫瑰图。风玫瑰图的五个方向代表五项原则的得分，所围合的面积越大说明该创新区空间评分越高，创新空间体系越完善。如图 4-2-1、表 4-2-1 所示。

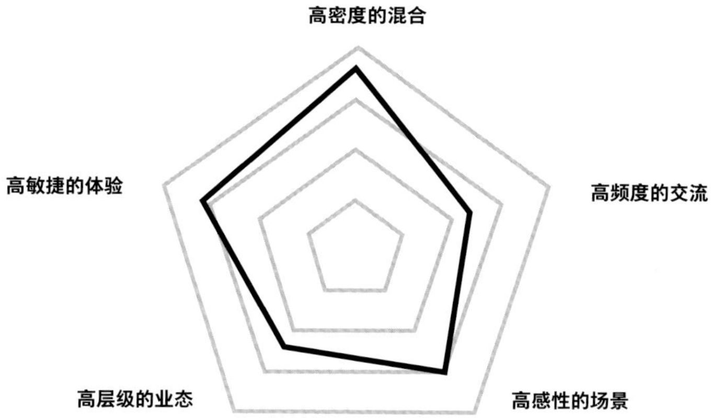

图 4-2-1 创新空间风玫瑰示意

表 4-2-1 创新空间评分指标

序号	指标原则	单项分值	权重	最终分值
1	高密度的混合	100 分	20%	20 分
2	高频度的交流	100 分	20%	20 分
3	高感性的场景	100 分	20%	20 分
4	高层级的业态	100 分	20%	20 分
5	高敏捷的体验	100 分	20%	20 分
总分	—	500 分	100%	100 分

4.3 评判细则

4.3.1 高密度混合评判细则

1. 产城融合

1）是否能成为城市产城功能循环一部分

创新区主导作用与哪种城市核心资源优势挂钩？（具备其一，得 10 分）

A. 科研资源（大学、科学装置……）

B. 本底资源（山水环境、历史特色……）

C. 区位资源（与核心城市的联系）

D. 产业资源（产业链的上下游联系）

2）是否功能体系匹配城市空间协调布局

创新区功能与所在大区域的功能具有相互关联关系？（具备其一，得10分）

A. 中央活力区（商业、文化、会展、娱乐……）

B. 金融区（商务、金融、总部功能……）

C. 产业开发区（研发、加工、贸易、物流、仓储……）

D. 大学科教城（教育、创意、培训……）

3）是否具备产与城完善的大小功能融合

（1）创新区是否同时具备面向全域城市与产业的大功能融合？（同时具备得 5 分）

A. 城市功能板块：科教、文化、商业、会展、商务板块

B. 产业功能板块：研发、保税、贸易、金融、转化板块

（2）创新区局部板块是否同时包含健全的城市与产业的小业态融合？（同时具备得 5 分）

A. 城市业态：餐饮、居住、娱乐、体育、教育

B. 产业业态：孵化、培训、展示、风投、总部、研发

4）是否以产城功能的行为指导空间布局

创新区的各功能业态是否同时具备强弱关联的空间关系？（同时具备且每条部分具备，得 10 分）

A. 强关联行为空间汇集创业孵化商业娱乐

B. 弱关联行为空间汇集风投中介转化服务

C. 独立行为空间汇集总部经济研发中枢

2. 企业混合

5）是否包含不同成长阶段的企业类型

创新区包含几种不同成长阶段的企业类型？（叠加得分，每项 2.5 分）

A. 种子期：萌发创意，需要培训挖掘

B. 初创期：初始成立，需要孵化扶植

C. 成长期：快速成长，需要扩大规模

D. 成熟期：稳定发展，需要市场对接

6）是否为不同阶段的企业匹配空间需求

创新区是否为不同成长阶段制定相应需求的空间类型？（叠加得分，每项 2 分）

A. 种子期≤ 300 平方米，以多层为主

B. 300 平方米 < 初创期≤ 500 平方米，小高层为主

C. 500 平方米 < 成长期≤ 1500 平方米，小高层为主

D. 成熟期 > 1500 平方米，独栋为主

E. 超大规模≥ 4000 平方米，超高层为主

7）是否具有平衡的企业类型配比关系

创新区是否可以保持不同企业的空间配比动态平衡？（叠加得分，每项 5 分）

A. 至少保障 5% 的初创型企业

B. 至少保障 20% 的中小初创型企业

3. 模式混合

8）是否具有在地环境下的空间模式

创新区的各空间是否符合片区风貌格局？（满足其一，得 10 分）

A. 空间风貌与自然生态环境协调

B. 空间风貌与城市高密度开发协调

C. 空间风貌与历史环境风貌协调

9）是否具有多样化的空间风貌

是否包含两种或两种以上的空间风貌类型？（包含两种及两种以上，得 5 分）

A.CBD 高密模式　B. 多层组团模式

C. 小镇院落模式　D. 自然生态模式

4. 开发混合

10）创新区是否拥有多种空间开发引擎

（1）创新区空间重点引擎的 500 米辐射覆盖率有多少？（创新区重点引擎包含轨道站点、中央公园、商业中心、慢行廊道等）（单项得分）

A.70%（10 分）　B.50%～70%（7 分）　C.30%～50%（5 分）

D.30% 以下（2 分）　E. 无（0 分）

（2）围绕创新区重点引擎进行集约混合开发的 500 米辐射覆盖率有多少？（单项得分）

A.70%（10 分）　B. 50%～70%（7 分）　C.30%～50%（5 分）

D. 30% 以下（2 分）　E. 无（0 分）

4.3.2 高频度交流评判细则

1. 连接交流

11）创新区是否融入区域与城市相互渗透

（1）创新区拥有几种与区域城市联通的空间？（具备其一，得 5 分）

A. 自然生态型连接

B. 功能界面型连接（如：商务界面 / 林荫界面 / 商业界面 / 地下空间）

（2）认定的区域联通空间被重点打造的所占比例是多少？

A. 所占比例 > 70%　　B. 50% ≤所占比例≤ 70%

C. 30% ≤所占比例 < 50%　　D. 所占比例 < 30%

12）创新区是否具备各社区各组团的连接空间

（1）创新区是否是开放的？（单项得分）

A. 开放（5 分）　　B. 不开放（0 分）

（2）创新区有哪些社区与组团的联系空间？（叠加得分，每项 2.5 分）

A. 两个以上的地面步行通道　　D. 连接组团的地上或地下通道

2. 街区交流

13）是否拥有适宜尺度的街区交流空间

创新区内街区尺度为 150 ～ 250 米的比例有多少？（单项得分）

A. 所占比例 > 80%（10 分）　　B. 60% ≤所占比例≤ 80%（7 分）

C. 40% ≤所占比例 < 60%（5 分）　　D. 所占比例 < 40%（2 分）

14）是否拥有快慢分离的交通体系

创新区内快速交通与慢行交通的分离情况？（单项得分）

A. 整体具有（10 分）　　B. 局部有（5 分）　　C. 没有（0 分）

15）是否包含至少一条超级街区

创新区内是否有街道具有以下特点？（叠加得分，每项 4 分）

A. 具有连接创新区内外功能的枢纽作用

B. 具有灵活多变的功能使用方式

C. 开放渗透式的底层建筑空间

D. 与道路一体化的空间使用模式

E. 创新创意的零售体验业态

3. 公园交流

16）是否具有多层级的开敞空间体系

创新区内是否包含以下形式的开敞空间？（叠加得分，每项 2.5 分）

A. 城市综合公园　　B. 社区开敞公园

C. 邻里交流公园　　D. 街区口袋公园

17）是否可以高效利用各级开敞空间

（1）创新区内的城市综合公园满足以下哪些特征？（叠加得分）

A. 不小于 50000 平方米（1 分）

B. 服务半径 1000 ～ 2000 米（1 分）

C. 空间尺度高宽比小于 1/6，强调空旷开敞（3 分）

D. 满足城市居民生态游憩、游乐休闲、文化交往活动的公园（2.5 分）

（2）创新区内的社区开敞公园满足以下哪些特征？（叠加得分）

A. 10000 ～ 50000 平方米（1 分）

B. 服务半径 800 ～ 1000 米（1 分）

C. 空间尺度高宽比介于 1/6 ～ 1/3，空间相对开敞，可以清晰辨认建筑界限，能注意建筑空间全貌（3 分）

D. 满足社区居民体育锻炼、聚会嬉戏、休闲娱乐的公园（2.5 分）

（3）创新区内的邻里交流公园满足以下哪些特征？（叠加得分）

A. 2000 ～ 10000 平方米（1 分）

B. 服务半径 300 ～ 500 米（1 分）

C. 空间尺度高宽比介于 1/3 ～ 1，空间逐步围合，可以观察到建筑细部，尺度舒适（3 分）

D. 满足周边邻里运动休闲的公园（2.5 分）

（4）创新区内的街区口袋公园满足以下哪些特征？（叠加得分）

A. 2000 平方米以下（1 分）

B. 服务半径 100 ～ 200 米（1 分）

C. 空间尺度高宽比介于 1 ～ 2，空间封闭紧凑，可以观察到建筑底层空间细部（3 分）

D. 满足建筑前广场人们交流休闲的微公园（2.5 分）

4.3.3 高感性场景评判细则

1. 识别场景

18）是否具有可识别的空间场景

创新区具有哪些可识别的空间场景？（具备其一，得 20 分）

A. 超高层地标　　B. 文化公建地标

C. 历史建筑地标　　D. 特色街区地标

19）是否将创新区内自然生态、文化底蕴及历史遗留进行空间弘扬

创新区具备哪些本底资源特色？（具备其一，得 20 分）

A. 历史保留空间　　B. 文化特色空间　　C. 生态自然空间

2. 创新场景

20）是否具有多样化的第三空间

（1）创新区是否具有以下无边界的柔性建筑底层空间？（叠加得分，每项 5 分）

A. 下沉广场　　B. 建筑退台　　C. 交流设施　　D. 灰空间

（2）创新区是否以下列形式充分利用建筑的屋顶空间？（具备其一，得 20 分）

A. 商业休闲　　B. 娱乐运动　　C. 聚会交流

（3）创新区是否具有以下的非正式交流空间？（具备其一，得 20 分）

A. 绿植交流空间　　B. 讲演交流空间　　C. 图书交流空间

D. 运动交流空间　　E. 茶歇交流空间

4.3.4 高层级业态评判细则

1. 产业业态

21）是否具有不同成长阶段所需的产业业态

创新区具有哪些面向种子型企业、初创型企业、成长型企业及成熟型企业的业态需求？（叠加得分，每项 2 分）

A. 创业孵化　　B. 展示交流　　C. 市场平台　　D. 智慧管理

22）是否制定层级化的产业业态分布

创新区包含哪些不同等级的业态内容？（叠加得分）

A. 5 分钟创新细胞（2 分）

B. 10 分钟创新街坊（3 分）

C. 15 分钟创新社区（3 分）

23）是否将产业业态高效地分布于不同层级

（1）创新区的 5 分钟创新细胞符合以下哪些特点？（叠加得分）

A. 服务半径 300 ～ 500 米（2 分）

B. 为创新个体与初期萌发的创业团队提供近距离的创新服务（3 分）

C. 包含初级创业孵化设施、简易展示交流设施及简单智慧管理设施（3 分）

（2）创新区的 10 分钟创新街坊符合以下哪些特点？（叠加得分）

A. 服务半径 500 ～ 800 米（2 分）

B. 为多种人群与企业主体提供多元化的产业发展服务（3 分）

C. 包含一定规模的市场平台设施、创业孵化设施、展示交流设施及智慧管理设施（3 分）

（3）创新区的 15 分钟创新社区符合以下哪些特点？（叠加得分）

A. 服务半径 800 ～ 1500 米（2 分）

B. 为创新区提供健全、规模化、高层级的产业服务内容（3 分）

C. 包含健全的市场平台设施、创业孵化设施、展示交流设施及智慧管理设施（3 分）

2. 生活业态

24）是否具有完善的多样化生活业态

创新区是否具备科教文体商卫娱的生活服务？（叠加得分，每项 2 分）

A. 科教文体　　B. 医疗健康　　C. 商业娱乐　　D. 社区服务

25）是否制定层级化的生活业态分布

创新区是否包含不同等级的生活业态内容？（叠加得分）

A. 5 分钟创新细胞（2 分）

B. 10 分钟创新街坊（3 分）

C. 15 分钟创新社区（3 分）

26）是否将产业业态高效地分布于不同层级

（1）创新区的 5 分钟创新细胞符合以下哪些特点？（叠加得分）

A. 服务半径 300 ～ 500 米（2 分）

B. 为创新个体与初期萌发的创业团队提供近距离的生活服务（3 分）

C. 包含低层级的科教文卫设施、医疗健康设施、商业娱乐设施及社区服务设施（3 分）

（2）创新区的 10 分钟创新街坊符合以下哪些特点？（叠加得分）

A. 服务半径 500 ～ 800 米（2 分）

B. 为多种人群与企业主体提供多元化的产业发展服务（3 分）

C. 包含一定规模的科教文卫设施、医疗健康设施、商业娱乐设施及社区服务设施（3 分）

（3）创新区的 15 分钟创新社区符合以下哪些特点？（叠加得分）

A. 服务半径 800 ～ 1500 米（2 分）

B. 为创新区提供健全、规模化、高层级的生活服务内容（3 分）

C. 包含健全的科教文卫设施、医疗健康设施、商业娱乐设施及社区服务设施（3 分）

3. 节庆业态

27）是否具有定期举行丰富居民日常生活的节庆活动的业态

（1）创新区是否具有举行以下形式节庆活动的业态？（具备其一，得 10 分）

A. 文化艺术活动　　B. 集市商业活动

C. 体育运动活动　　D. 亲子娱乐活动

（2）创新区节庆活动的平均频次？

A. 每周一次（10 分）　　B. 每月一次（7 分）

C. 每季度一次（4 分）　　D. 每年一次（2 分）

4.3.5 高敏捷体验评判细则

1. 交通敏捷

28）是否具有高效便捷的轨交站点

创新区范围内轨交站点 500 米服务半径用地范围覆盖率是多少？

A. 70% 以上（20 分）　B. 51% ～ 70%（12 分）

C. 31% ～ 50%（8 分）　D. 30% 及以下（4 分）　E. 无（0 分）

29）是否围绕轨交站点进行 TOD 集约开发

创新区内轨交站点 TOD 模式的开发率是多少？

A. 70% 以上（20 分）　B. 51% ～ 70%（12 分）

C. 31% ～ 50%（8 分）　D. 30% 及以下（4 分）　E. 无（0 分）

30）是否具备多样化的慢行公共交通出行方式

创新区是否包含多种类型的公共出行方式？（叠加得分，每项 5 分）

A. 轨道交通　B. 公交系统　C. 骑行体系　D. 慢行体系

31）是否具备较高的出行效率

创新区各出行方式的使用效率如何？

A. 具备完善的轨交、公交、骑行与慢行换乘接驳系统（20 分）

B. 具备一定比例的轨交、公交、骑行与慢行换乘接驳系统（12 分）

C. 具备少量的轨交、公交、骑行与慢行换乘接驳系统（6 分）

2. 智慧敏捷

32）是否具备智慧服务管理系统

评判创新区智慧管理的深度？

A. 全域应用，涵盖健全智慧体系，搭建智慧大脑、数据中心及应用端的服务（20 分）

B. 局域应用，智慧校园、智慧园区、智慧社区等局部地区的应用（12 分）

C. 简易应用，智慧泊车、智慧政务、智慧交通等单向功能的应用（6 分）

4.4 评判示例

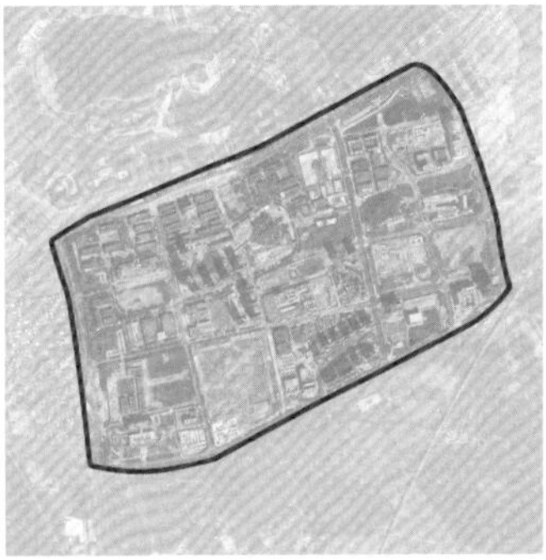

深圳光明科学城天安云谷
2.2 平方千米

北京昌平科学城小米总部创新区
0.4 平方千米

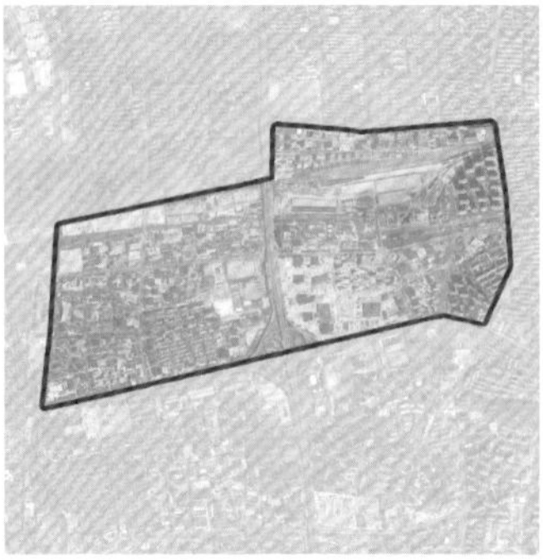

上海市北高新
3.31 平方千米

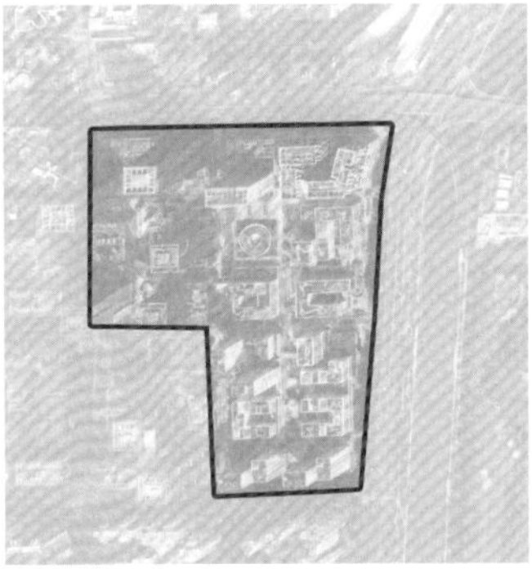

深圳湾生态科技园
0.2 平方千米

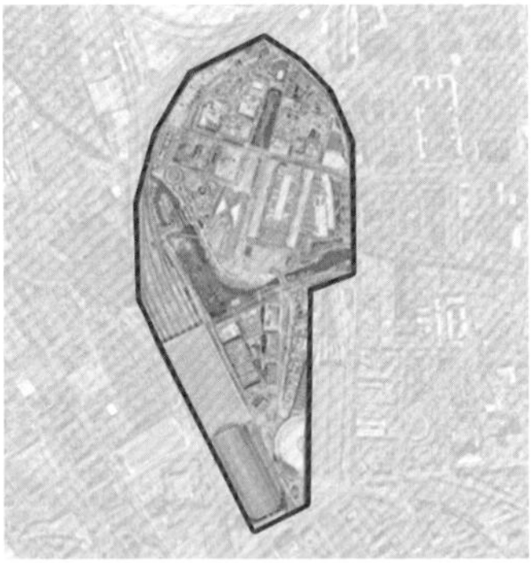

伦敦国王十字街
0.3 平方千米

北京中关村核心区
0.5 平方千米

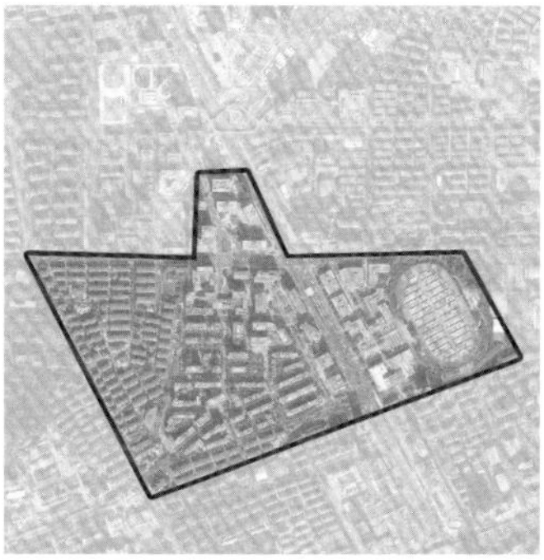

上海音乐谷
0.3 平方千米

上海创智天地
1 平方千米

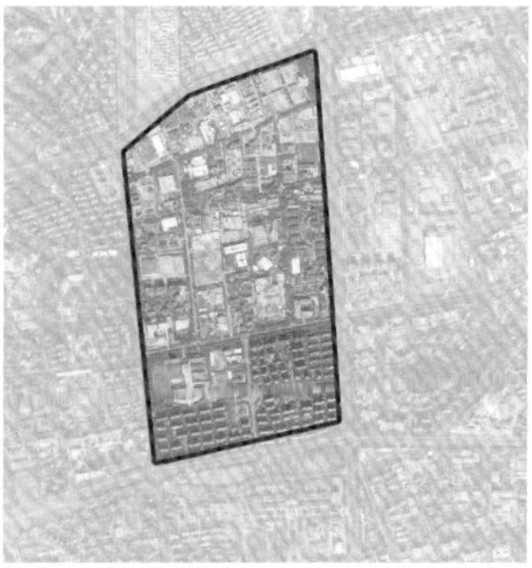

上海张江科学城北部起始区
2 平方千米

波士顿肯德尔广场
2 平方千米

深圳光明科学城天安云谷

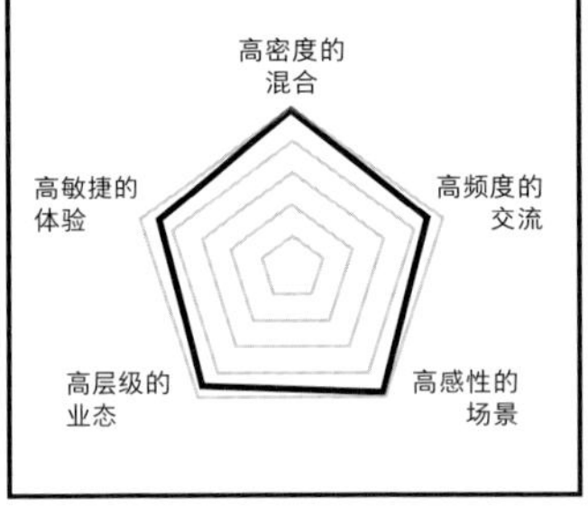

项目规模：2.2 平方千米
建设背景：空地开发
创新评分：94 分
得分解读：该项目位于深圳市光明科学城科教融合的服务片区，以服务高校与大科学装置的高端人才为主导，规划较为全面地为科学成果的转化转移服务进行空间营造，因此在五项原则各个维度的设计中都考虑得较为周全，创新区空间品质高。

北京昌平科学城小米总部创新区

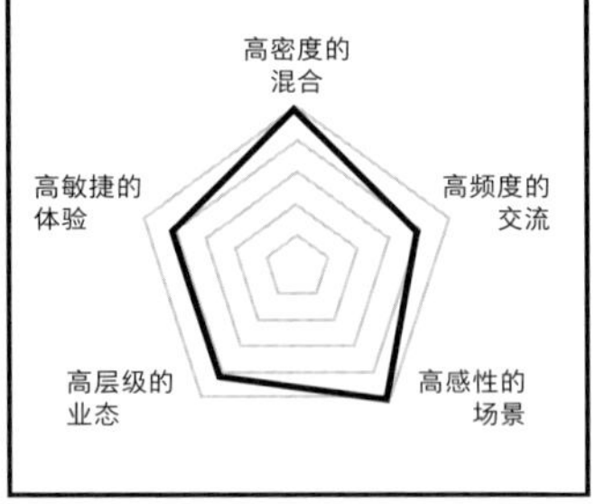

项目规模：0.4 平方千米
建设背景：空地开发
创新评分：88 分
得分解读：项目是小米为拓展业务与集合上下游产业链的总部创新区，且位于区域核心。五个维度的空间评价上，鉴于面积较小，区域板块服务不健全，在业态、交通及交流的体系上稍有失分，但整体空间品质仍然较高。

上海市北高新

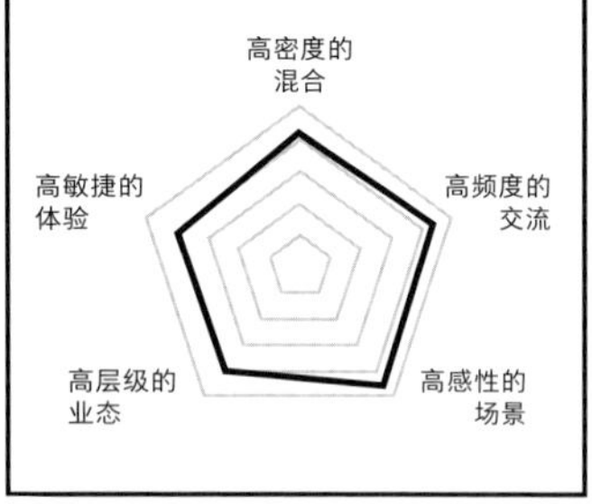

项目规模：3.31 平方千米
建设背景：城市更新
创新评分：89 分
得分解读：市北高新是距离上海中心城区最近的科创中心，在新的城市规划中保留部分厂房，保存地区历史印记，形成特色城市场景，同时创造最大化创新交流机会，运用空间吸引力提升市北高新创新浓度尽管存在一定老旧建筑的遗留，但经过规划的市北高新仍然可以成为高品质创新空间的代表。

深圳湾生态科技园

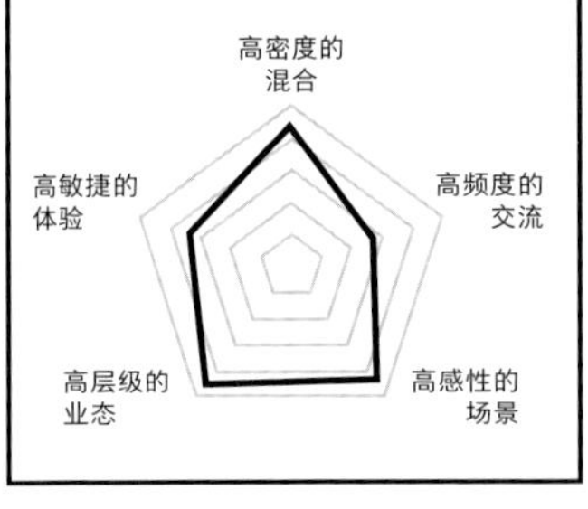

项目规模：0.2 平方千米
建设背景：空地开发
创新评分：68 分
得分解读：深圳湾生态科技园以契合深圳高密度开发的特征，在高密度的混合、高感性的场景及高层级的业态当中都要较好评分，鉴于交通和开敞空间受规模及现状制约，因此在这两个方向上有所欠缺。

伦敦国王十字街

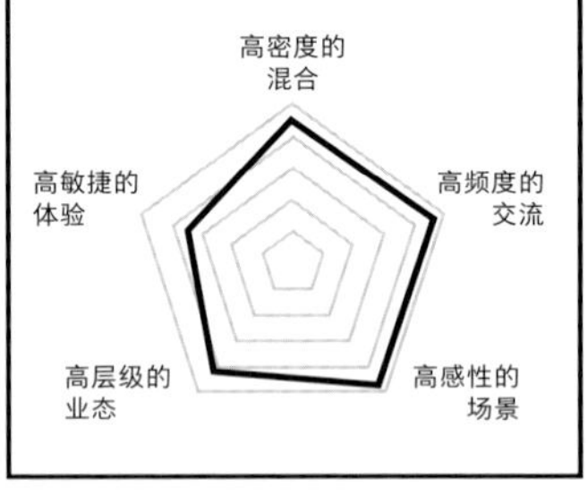

项目规模：0.3 平方千米
建设背景：城市更新
创新评分：65 分
得分解读：伦敦国王十字街作为创新区更新改造的样本，在五项原则中均占据较好得分，但由于现状交通及智慧体系的欠缺，在高敏捷体验中的得分有所欠缺。

北京中关村核心区

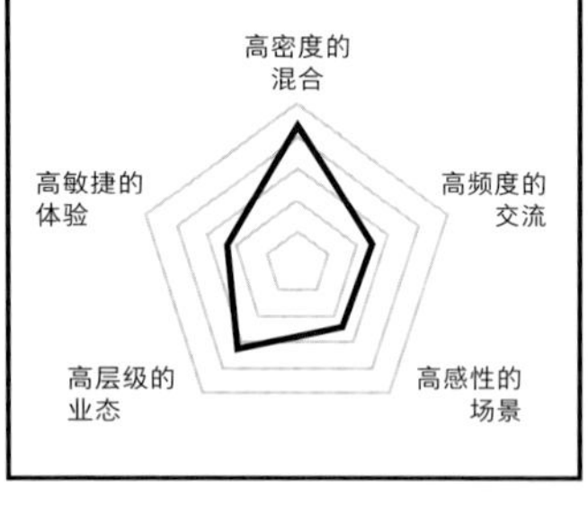

项目规模：0.5 平方千米
建设背景：空地开发
创新评分：46 分
得分解读：位于中关村地铁站的北京中关村核心产业片区，是北京科创发展的重要区域，由于该板块建设较早，很多优质的空间设计并未得到运用，所以整体空间品质一般。

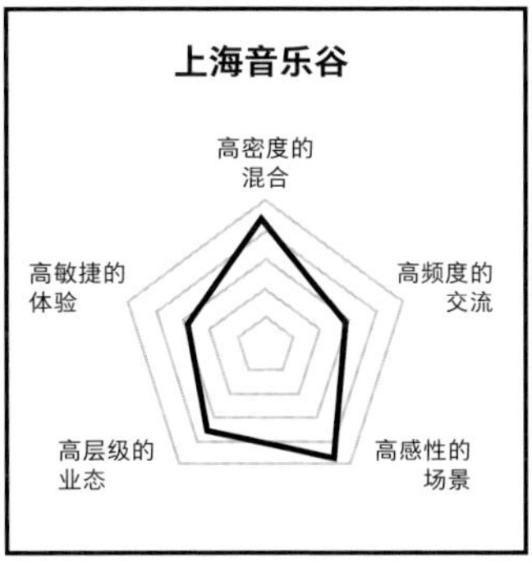

项目规模：0.3 平方千米
建设背景：城市更新
创新评分：69 分
得分解读：音乐谷是上海虹口片区音乐产业的集聚地，围绕历史文化遗址推进的更新改造项目，整个项目以穿插式、保留型设计方式推进，创新空间的整体评分仍然受限。

项目规模：1 平方千米
建设背景：空地开发
创新评分：80 分
得分解读：创智天地是上海激发创新创意产业的热点板块，无论从功能混合使用、街区开敞空间的交流，还是可识别的场景与丰富的业态来看都相对健全，但鉴于现状交通性干道的割裂，在交通上存在短板。

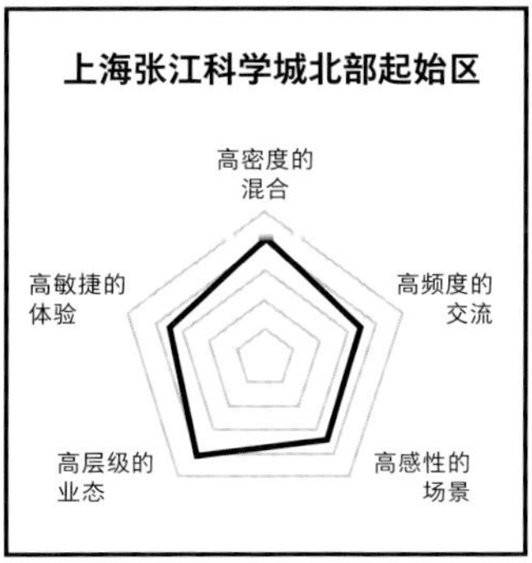

项目规模：2 平方千米
建设背景：城市更新
创新评分：75 分
得分解读：张江科学城的起始区是最早规划建设的地方，尽管建设时间较长，但历经多次改造，在业态、交流、混合的维度具备较好的空间规划，但受限于现状空间建设格局，在交通的敏捷体验与感性的建筑场景空间上存在一定短板。

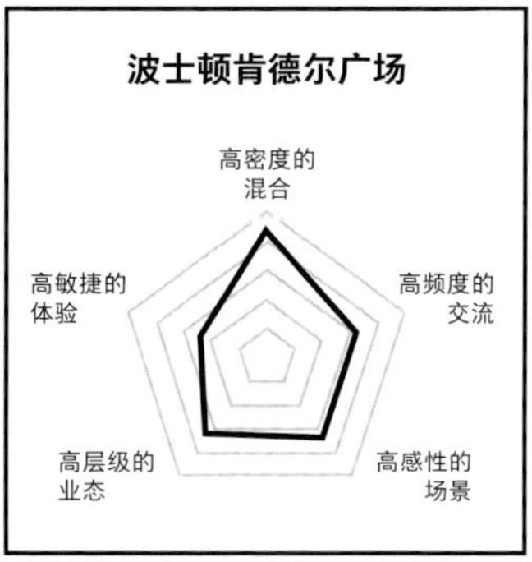

项目规模：2 平方千米
建设背景：城市更新
创新评分：45 分
得分解读：波士顿肯德尔广场是基于麻省理工学院兴起的创新区，其自建设至今已推进多次更新改造，尽管每次内容都没有大拆大建，但该创新区也是在逐步完善中，空间品质逐渐得到提升。

第 5 章 | 创新区的实践与未来

5.1 本土实践带来的启示
5.2 创新区是激发增长的中枢源
5.3 创新区不局限于固定的空间表达
5.4 创新区处在持续的动态更新中
5.5 创新区正在引领时代的发展潮流

5.1 本土实践带来的启示

创新，并不意味着抛弃过去，只为重塑而开拓一条全新的路出来。事实上，激动人心的创新大都是基于对历史和现状细致的观察和理解，用更全面、客观的视角，结合各方的特点和能力找到突破口和机会，尤其是那些能够解决当下问题的关键点。

创新，更不是一蹴而就的事，它不是抖一个包袱，它更不能只着眼于效率。营造创新社区，关乎一个生态系统，更需要时间的沉淀和积累，慢慢形成自己的运行方式，才能让人感受到真实的创新，并且让其中的创新力可持续。

不了解历史，不关注现在，我们便无法通过实践去验证创新区的方法论，更不能探索未来更多的可能性和可持续性。值得注意的是，这个原本来自国外的概念，是否能够适用于中国本土，或者说基于创新区的基础框架，是否能够提出一种更适用于我国的方法论，这对我们来说是非常大的挑战。

事实上，FTA 在过去 20 年中通过一体化设计，与政府管理人员、政府平台开发人员、产业地产开发商、高校研究人员及广大创新区专业从业者并肩作战，坚持推动“创新区”的本土实践。在本土实践的过程中，通过频繁与上述的创新区从业者的对话与沟通，除去设计本身，我们得到了一些非常重要的启示。

熟谙政策、法规与土地盘活策略

熟谙政策的政府管理人员一开始就提出了一个非常尖锐的问题：“我们所谈的创新区，在我国的城市规划体系中并没有明确的定义。”

这句话非但没有打击我们，反而给我们在国内营造更好的创新区建立了信心。这是一个非常及时而有力的提示："创新是一个大概念，城市更新区也可以是创新区。"虽然创新区在我国的城市规划体系中并没有明确的定义，但是城市更新区是具备法定概念的，我们可以把更新区理解为创新区，就是在城市更新过程中政策、空间等有创新点的区域。城市更新是我们国家在集约利用土地下，在城市发展过程中面临且必须解决的问题。城市在进步，社会在发展，城市的功能在改变，人的生活习惯也发生了改变，原有的物理空间不再适用于新的功能发展，大量老旧小区、工业区，甚至商务区、城中村等，都急需改造升级，以匹配新兴功能的空间要求。目前我国城市更新已经立法，探索城市更新中的创新区营造方法是一个很好的课题。

法律法规的保障让城市更新的推进有法可依。2021 年，上海通过了《上海市城市更新条例》，为上海城市更新提供了标准和可复制的行动模式，在资金支持、税收优惠、用地指标、土地政策支持、公房承租权等多方面，为城市更新制定了保障措施。今后城市更新的推进会更加健康有序。

土地盘活是城市更新中很关键的环节，它直接影响到城市更新的进程与品质。土地盘活的一种可能是土地权利人自己没有资金进行开发，政府把土地收回再出让，第三方再进行开发盘活。还有一种可能是土地权利人进行自我盘活，寻找合作伙伴，由土地权利人出地，另一方出钱，双方进行合资或者股权变更，形成新的企业，再请设计单位帮忙进行空间设计，请第三方进行招商和运营，对土地进行盘活。

土地盘活是一个很复杂的问题，涉及资金运营、土地权利、城市规划对其的引导。土地盘活也是创新区需要考虑的问题。对于土地盘活而言，首先要进行交通条件的改善，公交和地铁会让土地区位升值，凭借着交通条件，土地很容易被盘活。其次，土地盘活需要土地权利人自我的觉醒，还需要符合城市规划的定位。地块更新首要满足城市规划对它的功能要求，比如停车场、配电设施等市政功能。

由此可见政策、法规与土地盘活在创新区项目的规划初期尤为重要，如果抛开这些直接去做设计，后期会遇到非常多的麻烦，作为设计方应当尽可能全面地去了解，平时需要及时主动关注和收集相关信息，并且在实践项目中尽早介入，尤其是了解当地不同的政策、法规及土地情况。

本地文化与企业文化共同铸造创新文化

扎根本地的传统文化与入驻创新区的企业文化构成了创新区创新文化的土壤。

本地传统文化不但具有历史意味，也带有前瞻意义。在不断参考诸如美国硅谷、日本筑波科学城这样的国外案例之后，从实践角度来说，很难在北京、上海复刻成功的硅谷，但可以在北京拥有不一样的中关村，在上海拥有不一样的张江科技园。我们发现，挖掘本土的传统文化和产业、技术等文化基因非常重要，创新区无法在一片空白之地上被创造出来，它需要“本地文化”的支持，无论什么国家、什么地域，本地文化为创新提供线索与载体，结合政策、机制与科技等元素共同激发创新。

同样的，企业创新文化与创业环境为创新区提供最为直接的动力。企业文化为企业创新提供支持，也是企业凝聚力的来源。激发组织活力和效能是基础，传统的公司 + 雇员的组织形态可以理解为“火车模式”，靠领头者（火车头）的能力带动，而平台化组织则是“动车模式”，靠每节车厢共同驱动。良好的创新文化与创业环境在企业文化中更具吸引力，比如海尔的平台化变革让海尔内部员工“人人都是创客”，让不同的人才在平台化的模式中充分发挥专长，海尔很多创新产品都源自内部创客，平台化极大激发了员工的创业激情，让组织有了新活力。

归根结底，文化聚力。企业文化需要全员价值观的认同和积极参与。以文化的无形力量凝聚员工、引领员工，换句话说，创新的企业文化能够吸引更多的优秀人才加入创新区。企业既要搭建员工追求自我价值的平台，也要推行不拘一格的人才激励机制，最大程度激活各级团队、各级组织细胞的活力和动力，以文化引领员工，形成公司发展的内生动力。

于是，当我们了解并从本地发现和挖掘出不同于其他地区的文化特征时，我们在设计过程中能够为创新区提供更为契合本土的解决方案，为本地及企业、机构设计出更好的创新环境。

注重不同层级城市空间的创新互动

城市是一幅画，创新的同时也要注重城市间的特色和整体的美感。作为城市创新区的建设者、设计者，我们对城市“画”的每一笔都在向外界传达城市的品质。从画中，无论是大城市还是小城市，外界都可以品出这座城市与周边城市不同创新空间的独特性和吸引力。

江浙两省有很多毗邻上海的城市空间，都在抢抓长三角一体化的机遇，都在抢上海外溢的企业与产业资源，但是企业为什么选择在这里，高端人才和企业选择来这里的原因一定是能体验到与上海不一样的创新环境。比如这些城市拥有独特的地理位置，独有的资源特色，用优美的环境为高端人才打造一个惬意的生活与工作方式，科学家、企业家来这里工作就像是来度假一样，放松、休闲，与上海高强度的工作、高密度的空间形成对比。

所以在了解不同城市的资源和特点之外，我们还要梳理并解读不同层级城市之间的关系与需求，以不同的视角和整合的思维设计解决不同城市创新区的问题。

在招商与运营中保持创新生态和初心

在每一个创新区建设之初，我们都对它抱有促进企业孵化、成长的期冀。但是现实因素是复杂的，在后期设计与运营中，难免出现偏离初心的情况。成功的创新区可以说是建立在以往实践经验之上的。因为有了营造成功创新区项目的实践，在打造新项目的时候，就格外注意发展过程中可能面临的问题。目前，有许多创新区因为现金流等因素或多或少地走向了商业化而非创新，但是要坚决避免在创新区发生纯商业化的行为。因为商业化造成的结果必然是创新空间的萎缩，商业化活动也会导致创新氛围的减弱。因此，在承接活动的时候，都是一些创新型的、对企业及个人发展有意义的活动，这些活动的目的不是为了赚钱，而是为了奠定创新区创新、文化的基调。

孵化创新是创新区应始终坚持的目标。创新区可以为企业提供优质的发展土壤，这也是创新区能够产生源源不断创新的重要原因。为了保证品质，创新区应对入驻企业进行挑选，事实也证明了，保障创新区的创新生态，筛选适合发展的企业是有很大意义的。

在创新区的规划中，需要十分注重对于创新生态的打造。可以在不同的开发周期引入功能相异的企业机构，形成更健康的创新生态环境。比如，在一期开发中，主要引入一些餐饮业态等生活配套，先聚集起人流，并且为企业建立起生活保障。在二期的开发中，可以引入众创空间和孵化器，支撑中小企业的生存与发展。在三期的开发中，需要引入较为成熟的行业龙头企业，指导、引领中小企业的发展，形成园区产业闭环。在四期的开发中，以引进总部型科创企业为主。并且，针对创新区现有企业要有计划地进行企业的置换，更替不符合创新气质的企业，打造国际化的创新区。

诚然，一个包容性、多样性、亲切又能激发热情与活力的创新区，不是依靠一两个核心元素就可以达成，而是由几十个甚至几百个元素错综复杂地交织在一起。硬件软件同样重要，而“人”在创新区当中所起的作用尤为重要。

作为创新区建设者的一员，我们不仅要在思维上系统性考虑规划、建设、招商、运营的一体化原则，结合各个方面的不同情况，更要站在每个相关政府部门、企业机构、人员的角度去客观看待创新区所面临的问题；只有不忽略在当下的世界格局、社会及技术发展的进程中所面临的诸如全球数字化、信息化、自动化、智能化等综合性问题，我们才能突破设计本身的局限，尽力为创新区提供一份满意的答卷。

5.2 创新区是激发增长的中枢源

近年来，全球经济进入创新驱动的发展阶段，知识经济与科技创新成为城市可持续发展的主旋律，国与国、城与城，都在寻找着创新发展的新路径，而创新区正是孕育创新的地理空间载体，是各种信息流、技术流、知识流等各项创新要素汇集的空间集聚体。在这里，有上下游关联的产业集群场，有大、中、小、初创企业的交流场，也有高科技人才施展专业技能的知识场……在这样的创新生态里面，自然而然地催生出各种各样的增长，包括产业增长、人才增长、科技增长、知识增长、企业增长等等，承载着城市向上发展的中枢源。

产业集群亦称“产业簇群”“竞争性集群”“波特集群”，是美国学者波特在 1990 年出版的《国家竞争优势》（*The Competitive Advantage of Nations*）[14] 中提出的。产业集群作为推动区域经济发展的一种模式，伴随着经济全球化，已经成为世界上引人瞩目的区域经济发展模式和产业发展的重要组织形式，已经越来越引起有关国际组织和许多国家及地方政府的重视。创新区通过汇集某一行业内的竞争性企业，实现与这些企业互动关联的合作企业、专业化供应商、服务供应商、相关产业厂商和相关机构（如大学、科研机构、制定标准的机构、产业公会等）在地理空间上的集聚。许多产业集群还包括由于延伸而涉及的销售渠道、顾客、辅助产品制造商、专业化基础设施供应商等，政府及其他提供专业化培训、信息、研究开发、标准制定等的机构，以及同业公会和其他相关的民间团体。创新区内产业集群的形成，有助于提升产业的综合竞争力，通过集群化组织，加强产业之间的资源共享，降低交易成本，紧密联络产业链上下游，大大提升产业发展的有效合作，这对于推动创新区内的产业增长有重要作用。

创新区是一个动态成长的功能载体，包含成熟型的大企业、成长型的中小企业和初创型的小微企业，这些企业之间相互依存扶植。大型企业由于战略选择与成本发展的考量，会不断分化出局部的专业化需求外包给中小型企业来实现降低成本，中小型企业依托大型企业的供应需求逐渐壮大成长为成熟型企业，初创企业由于大型企业与中小企业不断分化出来的服务需求，一部分成长为中小型企业，一部分不断增加数量，整个创新区内的企业都处在动态成长的过程中。

人才是一切发展的基石，创新区为保持健康的产业增长状态，保证不同阶段企业的成长，对于创新型人才有高度需求。由于集群化发展与动态更新的特征，创新区内的人才通常富于开拓，具有创造能力，想象力丰富及富于冒险精神等特征。他们有很强的好奇心和求知欲望，具备很强的自我学习与探索的能力，在某一领域或某一方面拥有广博而扎实的知识，有较高的专业水平等。创新区不仅汇聚这类创新型人才，同时也在对人才进行培养，由于种子期企业、加速期企业、成长期企业及成熟期企业的不同需求，人才的发展也呈现多样化多元化。

5.3 创新区不局限于固定的空间表达

创新区是一种增长创新的空间载体，不局限于某种固定的地理区位，它可以出现在城市的任何地理区位，也可以拥有多种类型的产业方向，还可以有不同的主导使用人群。它可以在市中心，也可以在近郊区，可以在发达的商务区，也可以在生产厂房的工业区，可以在科学装置附近，也可以在旅游度假城市……创新区也不属于某一个单一产业类型，是为产业创新提供增长的空间，可以是生物医药园，也可以是数字信息园……创新区同样不归属于某一类使用者，企业家可以在创新区进行商务会晤，科学家也可以在创新区举办科学论坛，普通市民可以在创新区创新创业……因此，创新区因为地理区位、产业类型、使用人群等的不同，其空间并没有固定的表达形式，依地理区位可划分为 CBD 型创新区、近郊型创新区、飞地型创新区等；依产业类型可分为生物医药创新区、人工智能创新区、集成电路创新区、旅游度假创新区等；依使用主体可分成总部型创新区、研发型创新区、制造型创新区等；依运作机制可分为孵化创新区、加速创新区等。如表 5-3-1 所示。

表 5-3-1 创新区分类

依据		创新区特点
地理区位	CBD 型创新区	位于城市中心高强度开发
	近郊型创新区	位于城市近郊，多以科学研发为主
	飞地型创新区	整合“飞入地”与“飞出地”优势要素
产业类型	生物医药创新区	医药研发 / 医疗服务 / 医药器械 / 生物检测等
	人工智能创新区	智能装备 / 机器学习 / 云计算 / 计算机视觉等
	集成电路创新区	高端芯片 / 材料研发 / 集成电路封测
	旅游度假创新区	目的地型创新区
使用主体	总部型创新区	龙头企业总部聚集
	研发型创新区	知识密集型园区，主要依赖技术
	制造型创新区	劳动密集型园区，以生产制造为主
运作机制	孵化创新区	为初创企业提供共享空间与创业服务，保障其生存
	加速创新区	为成长良好的企业提供更加有利的成长条件

5.4 创新区处在持续的动态更新中

创新区是与时代发展共频共生的空间载体。因为城市化进程的不可抵挡，创新区无论是功能构成、企业组成、人群主体，抑或是产业方向，都是处在不断变化中的。城市的发展演进是从工业化初期到工业化中期，再到工业化后期，最后进入后工业化阶段。由于我国城市进程的快速发展，多数城市均已迈入工业化后期及后工业化发展阶段。工业化初期及工业化中期由于农业与重工业发展的空间分散化特征，创新区并未形成，但在工业化后期，由于高新技术产业比例的不断上升，成为产业发展的主导，创新区的聚集与知识溢出效应开始发挥重要作用。创新区在工业化后期主要发挥研发职能，是各类研发型机构的聚集地，如早期的波士顿肯德尔广场及埃因霍温高科技园。在后工业化阶段，自主创新成为城市发展的主旋律，创新区作为科技与知识的高密度空间载体，具备孕育产业增长的能力，在该阶段的创新区，通过龙头企业引领中小企业集聚，来进行初创企业的孵化，成为不断产生新型企业的活力源。如表 5-4-1 所示。

表 5-4-1 工业化阶段特点

工业化阶段	工业化初期阶段	工业化中期阶段	工业化后期阶段	后工业化阶段
三次产业产值结构	农业大于 20%，工业比较低但大于 20%	农业小于 20%，工业大于服务业，在 GDP 中占比最大	农业小于 10%，工业占比保持最高水平	工业占比相对稳定或者下降，服务业大于工业
农业从业人员比重	46% ～ 60%	31% ～ 45%	10% ～ 30%	10% 以下
工业内部结构变化	以原料工业、基础工业为中心的重工业化阶段	以加工装配制造为中心的高度加工化阶段	以技术密集加工工业为中心的技术集约化阶段	（正在变化中，尚未有定论）

创新区是与产业发展长期匹配的空间载体。每一种产业的发展都是有生命周期的，产业增长都遵从成长期、加速期及衰退期的演进规律。当创新区内的产业进入衰退期时，新的产业就会孵化出来，进入新一轮的成长加速。如此循环往复，创新区内的产业始终可以动态平衡，区内的龙头企业、中小微企业也始终保持动态活力。如图 5-4-1 所示。

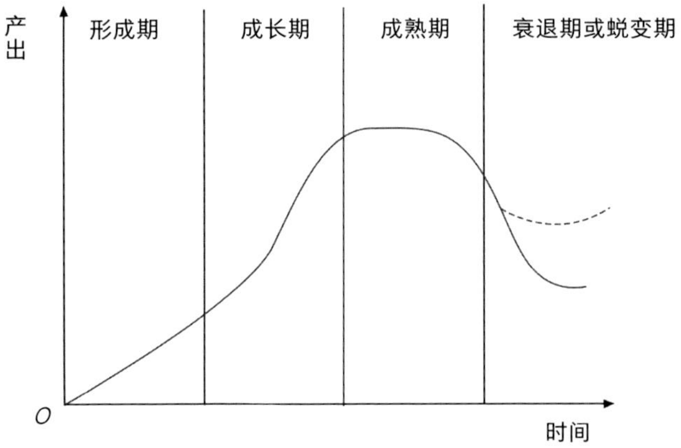

图 5-4-1 产业生命周期规律

5.5 创新区正在引领时代的发展潮流

创新区是孕育各种创新的地方，其对新鲜事物的接纳及对当下潮流的广阔包容性，加上新鲜惬意的场景体验，高密度、多样化的环境氛围，已然成为年轻人喜欢的空间类型。在这里有创意萌发的概念种子池，也有助力增长的讲演论坛，还有知识转化的技术交流，更有培训人才的创新学院，在这里工作，信息开放，知识共享，每个人都会有无限机遇与机会……除此以外，创新区内的日常生活也十分精彩，有不同的社群组织，有不定时的节庆娱乐，还有种类多样的潮流商业，业态丰富，新鲜感十足，每个人都乐在其中。

以新兴产业引领的创新区是一种冰冷、无感情的空间载体，但滋养朝气蓬勃年轻人生机的创新区，却是有温度、有烟火气、有人情味的。尽管每一代人都有着不同的创新定义，但创新区却可以为每一代都营造当下崭新的生活工作模式：80 后的创新区是技术研发学术聚集的中枢，90 后的创新区是创意萌芽自主创新的欢乐地，00 后的创新区是元宇宙、虚拟世界的竞技场……

激发增长，引领潮流，我们期待下一个时代的创新区。

参考文献

[1] 陈文玲 . 影响当前和今后一个时期全球格局演化的十大变量 [J]. 全球化，2022（3）：34–51，134.

[2] 马名杰 . 全球创新格局变化的新趋势及对我国的影响 [J]. 经济纵横，2016（7）：108–112.

[3] Katz B，Wagner J. The Rise of Innovation Districts：A new geography of innovation in America[R]. Washington：Brookings Institution，2014.

[4] 关成华 . 科学认识创新本质，助推创新型城市建设 [J]. 人民论坛，2021（13）：106–113.

[5] Brookings Institute.Advancing a New Wave of Urban Competitiveness：The role of mayors in the rise of innovation districts[R]. Washington：Brookings Institution，2017.

[6] 简・雅各布斯 . 美国大城市的死与生 [M]. 金衡山，译 . 南京：译林出版社，2006.

[7] 扬・盖尔 . 交往与空间 [M]. 何人可，译 . 北京：中国建筑工业出版社，2002.

[8] James Q. Wilson，George L. Kelling. Broken Windows: The police and neighborhood safety[J]. Atlantic Monthly，1982（3）：29–38.

[9] 范锐平 . 加快建设美丽宜居公园城市 [N]. 人民日报，2018–10–11（007）.

[10] Ray Oldenburg. The Great Good Place[M]. New York: Marlowe & Co., 1997.

[11] 韩利红 . 运用“第三空间”助力科技创新 [N]. 河北经济日报，2019–09–01（11）.

[12] 浙江省人民政府办公厅 . 浙江省人民政府办公厅关于全域推进未来社区建设的指导意见 [EB/OL].（2023–01–14）[2023–02–20]. https://www.zj.gov.cn/art/2023/1/19/art_1229017139_2455411.html.

[13] 任俊宇，刘希宇 . 美国“创新城区”概念、实践及启示 [J]. 国际城市规划，2018，33（6）：49–56.

[14] 迈克尔・波特 . 国家竞争优势 [M]. 李明轩，邱如美，译 . 北京：中信出版社，2012.

致谢

本书是FTA践行创新区设计20年的经验沉淀，是与客户共创的实践成果，展现了所有FTA人对于城市创新区长期的专业深耕与持续创新。为保证本书的理论与实践指导作用，在本书编写过程中，我们围绕主题开展了客户访谈、项目提炼、案例踏勘、学术交流及资料收集。非常多的人参与进来，有政府管理人员、政府平台开发人员、产业地产开发商、高校研究人员及广大创新区专业从业者……感谢他们对我们的倾囊相助，让我们可以用全面的专业视角来深度认知创新区。

感谢FTA的合作伙伴，书中大量案例均采用我们合作客户的实践项目，其中的技术要点也是与客户共创的结果。这些客户包括上海市北高新（集团）有限公司、苏州工业园区科技发展有限公司、上海长三角G60科创经济发展集团有限公司、小米科技有限责任公司、上海张江高科技园区开发股份有限公司、苏州新建元控股集团有限公司等，感谢与他们的项目合作，让FTA践行与客户一起成长的理念。

感谢我们的技术团队为《营造城市创新区：面向未来的创新空间设计》提供的项目技术支撑，书中深圳光明科学城天安云谷概念方案、上海市北高新城市设计、上海音乐谷更新改造等多个项目的独创性亮点均来自技术团队的设计沉淀，为本书提供了扎实的规划理论与实践支持。

感谢TOP创新区研究院，书中大量创新区的理念基础、技术要点及国际案例都来自研究院近几年研究的积累。TOP帮助我们打开了探索全球创新区的国际视野，掌握了创新区的最新技术理念及发展趋势，了解了高度发达城市中成熟创新区的运作机制，给予了本书扎实的理论指导。同时本书也是

TOP 创新区研究院与上海市政府合作的《创新区规划设计导则》的迭代更新，延续了《创新区规划设计导则》中的部分内容，并有一定的推进。

最后，感谢所有的 FTA 人及与我们合作过的客户，你们是 FTA 最宝贵的资源，因为你们的信任与支持，FTA 才能有今天的专业成就，感谢你们。未来我们仍旧携手同行！

2023 年 12 月